JN077129

保育の活動・遊び パーフェクトガイド

小山朝子・小櫃智子
井上裕美子・小島好美

わかば社

はじめに ❖❖❖❖❖❖❖❖❖❖❖❖❖❖❖❖❖❖❖❖❖❖❖❖❖❖❖❖❖❖❖❖❖❖

　幼稚園教諭や保育士、保育教諭を目指すみなさんは、保育者養成校における多くの授業での机上の学びを踏まえながら、実際の現場において実践的な学びへとつなげていく実習に取り組みます。実習は、子どもや利用者の生活や「活動・遊び」の実際を学ぶ貴重な体験をする機会であり、現場で働く幼稚園教諭や保育士、保育教諭をはじめ、職員から指導をいただきながら保育に対するさまざまな学びを深めていくこととなります。この保育に対する学びの深まりが、「子どもってすごい！」「保育っておもしろい！」などといった気持ちへとつながっていくことでしょう。

　しかしながら、実習生として子どもや利用者の日々の「活動・遊び」をどのように援助したらよいか、責任実習（部分・半日・一日）で「活動・遊び」をどのように取り入れたらよいか、責任実習で「活動・遊び」が計画通りにできなかったら保育者にどのように評価されるのかなど、さまざまな不安や心配もあることでしょう。

　では、そもそも子どもや利用者にとって「活動・遊び」とはどういう意義があるのでしょうか。子どもや利用者が「活動・遊び」をしている姿を思い浮かべてみましょう。2つのチームに分かれて作戦会議をして、勝ちたい思いでいっぱいにドッジボールをする姿、楽しかった芋掘り遠足を思い出しながら笑顔で絵を描く姿、自分でつくった紙皿円盤がよく飛んで喜んでいる姿、保育者の演じる紙芝居を夢中になって見ている姿……、実にさまざまな姿があります。この一つ一つの子どもや利用者の「活動・遊び」に、子どもが健やかに成長することを保障していく大切な経験がたくさん詰まっており、その経験をより豊かなものにしていくことを願いながら、保育者は日々の保育の中で“一緒に楽しむ気持ち”をもってかかわっているといえます。

　本書は、実習生となるみなさんが実習先でこれから出会う子どもや利用者と“一緒に楽しむ気持ち”をもって「活動・遊び」を考え、十分にかかわり合う中で保育の学びが深まることを願い編集をしました。そのため、保育における「活動・遊び」についての紹介だけに留まらず、保育における「活動・遊び」に関する基本的な考え方を示しています。子どもや利用者の発達状況に合わせた具体的な配慮や援助、さらに「活動・遊び」をより楽しむためのポイントなども整理し、責任実習でこれらの「活動・遊び」を計画し実践することも想定し、イラストや写真などでわかりやすく示しながら解説しています。

　みなさんが取り組む実習の日々は、決して楽しいことばかりではなく大変に感じることもあるでしょう。そういうときこそ、実習生自らが“うまくできた・できない”といった視点ではなく、子どもや利用者のよりよい経験や育ちを見据えて考えることを大切にしてほしいと思います。そして、保育者になるという夢の実現に向けて一歩一歩着実に歩んでいくことを心より願っております。

2024 年 6 月

著者代表　小山　朝子

Contents

本書について

● 特にしっかりと押さえてほしい箇所は、本書内ではゴシック表記で記してあります。

● 本書では、保育現場で行われている「お話」「絵本」「手遊び」「製作活動」などを「活動・遊び」と称して解説しています。

● 本書では「Let's try」として演習課題を設けてあります。シミュレーションなど繰り返し行ってみましょう。

●「column」を随所に設け、ぜひ知ってほしい知識や情報を紹介しています。

●「Part 2」の各項目の「実践例」には、参考となるように以下のマークを記し、その実践の主な活用場面を示しています。また各実践例にはその実践の「POINT」をまとめています。

遊び　遊び場面　　活動　主な活動場面　　導入　各活動や生活の区切りなどの導入場面

食事　おやつや食事前の場面　　集まり　朝や帰りの会などの集まり場面　　午睡　午睡前後の場面

Part1

実習における
活動・遊びを学ぼう

保育の基本と遊び

保育の基本

　保育とは、乳幼児期の子どもが生涯にわたる人格形成の基礎を培うために、幼稚園や保育所、認定こども園等の就学前教育・保育施設において、保育の専門性をもつ保育者が保護し育てることをいいます。保育者は、子どもの健やかな成長を願いながら保育環境を整え、子どもが必要な経験を得られるよう援助や配慮をすることが求められています。

　また、保育は生命を保持して情緒の安定を図る援助やかかわり（養護）と、子どもが健やかに成長し、その活動がより豊かに展開される発達の援助（教育）をもち、双方が生活するすべての場において一体的に行われることが大切になります。

環境を通して行う保育

　乳幼児期の保育は、「環境を通して行う保育」を大切にしています。これは、就学前の子どもは、子ども自らが興味・関心をもってあらゆる環境にかかわり直接的な体験をすることによって、さまざまに心を揺らしながら多くの経験を積み重ねていき、心身を健やかに育んでいくことが重要だからです。

　それでは、冬の遊びである「氷づくり遊び」を例に考えていきましょう。

> **事例1** 😊 　**氷をつくりたい！（4歳児）**
>
> 　ある冬の日、Yくんは登園する途中に霜柱を見つけて、霜柱が太陽の光でキラキラすることを発見します。走って園に行き、保育者に霜柱をうれしそうに見せながら知らせました。その様子を見ていたKくんやGちゃんは「私も見つけよう！」といい、友達同士で霜柱探しがはじまりました。
>
> 　どの子どもも、霜柱を見つけるとうれしそうに保育者や友達に報告をします。その途中で、水たまりをじっと見ていたGちゃんが「すごい！　水たまりが凍っているんだ！」と水たまりが凍って氷ができていることを発見します。みんなでその氷に触れて氷の冷たさやつるつるした感触に喜ぶ子どもたちです。そして、Kくんが「僕、氷をつくってみたい！」と保育者に伝えてきました。保育者は「いい考えだね。おもしろそう！　でも、どうしたらつくれるのかな」と働きかけてみました。すると、Kくんは「まず、水とカップかな……。探してくる！」と準備をはじめ、その姿からみんなでの氷づくり遊びがはじまりました。

　この事例では、子ども自らの冬の季節ならではの環境を通した発見からその日の遊びがスタートしています。そして、保育者が何かを指示するのではなく肯定的な働きかけのも

とで、子どもたちは霜柱探しから氷探し、そして氷づくり遊びへと発展していきました。子ども自らが環境とかかわること、その中で探究心や好奇心などをもって環境に働きかけることで気づきや発見があり、楽しさやおもしろさを感じながら継続した「活動・遊び」へとつながっていくのです。

　このように、**子どもが主体となって環境に積極的にかかわることこそが、充実した子どもの「活動・遊び」の出発点であり、豊かな学びの出発点である**ともいえるでしょう。

遊びを通しての総合的な指導

　子どもの生活の大半は「活動・遊び」（本書 p.14 参照）であり、それは子どもが主体となって展開されることが大切です。そして、先の「氷をつくりたい！」の事例でわかるように、この「活動・遊び」の中で、子どもたちは、園庭中を走り回って霜柱などを探し、言葉で気持ちを伝えたり相談し合ったり、どのような道具がよいか考えたりするなど、心や体をさまざまに動かして遊びます。そしてその中で、心身のさまざまな側面の発達にとって必要な経験が相互に関連し合いながら積み重ねられ、そこからさまざまな能力や態度を身につけていきます。つまり、**子どもは「活動・遊び」を通して諸能力が個別に発達していくのではなく、さまざまな経験が相互に関連し合うことを通して、諸能力が総合的に発達していく**のです。

　しかし、子どもたちだけではそれを実現することはむずかしいかもしれません。そこで事例1では、保育者が子どもの気持ちを肯定的に受け止めながら働きかける言葉かけをし、子ども同士で一緒に考えられるように援助していました。つまり、子どもが健やかに成長をすることを願い、よりよい経験をしていくためのねらいをもちながらかかわる保育者が、その子どもにとって必要な経験が得られるように働きかけたり、環境を整えたりしていく必要があります。ときには何も行動には起こさずに静かに見守るということもあるでしょう。そのためには、**保育者は常に子どもの発達状況や様子を理解し、展開されている「活動・遊び」を総合的にとらえて適切な援助を考えて行っていく必要がある**のです。

子どもの活動・遊び「氷をつくりたい！」

心身のさまざまな側面の発達にとって必要な経験が相互に関連し合い、積み重ねられていく

- 霜柱や氷の感触を楽しむ
- 氷づくりの道具を探す
- 友達同士で探す・つくる
- 氷づくり遊び
- 氷探し
- 霜柱探し
- 言葉で思いを伝える相談し合う
- 体を使って探す
- 登園時に霜柱を発見！

園と施設の一日

実習では、園や施設での子どもや利用者の生活を理解し、それを踏まえ、子どものより
よい経験となる活動や遊びを考えたり、一緒に楽しんだりすることが大前提になります。
ここでは、園や施設の一日の様子を確認し、実習生が子どもや利用者の活動や遊びを一緒
に楽しむ時間、あるいは責任実習（部分・半日・一日実習）を任される時間帯をイメージ
しましょう。

幼稚園の一日を理解しよう

幼稚園は、教育・保育施設であり、一日の教育時間は4時間を標準とし、毎学年の教育
週数は39週を下ってはならないとされています。現在は、地域の状況に合わせて、朝・
夕方の預かり保育をしている
園も増えています。対象は、
3歳以上の就学前の子どもた
ちとなりますが、未就園児
（主に2歳）の保育を行う園
や、3歳の誕生日を迎えると
入園できる園もあり、園の様
子はさまざまな状況です。

幼稚園の実習では、いわゆ
る4時間を標準の教育時間と
して実習を行いますが、それ
以外の保育も経験する場合も
あります。部分実習は、朝の
会や帰りの会、あるいは生活
の区切りでの児童文化財での
遊びを担当することが多く、
一日責任実習では原則預かり
保育時間以外の時間が対象と
なります。

ある幼稚園（4歳児クラス）の一日の流れ

時間	生活の様子	子どもの動き
7:15	預かり保育	・あいさつ　・朝の支度　・健康観察 ・保育室で自由遊び
8:15	順次登園 自由遊び 片づけ	・あいさつ　・朝の支度　・健康観察 ・自由遊び　・片づけ ・排泄、手洗い、うがい
8:45	朝の会	・みんなであいさつ　・出欠確認 ・歌をうたう　・今日の活動のお話
9:30	主な活動 片づけ	・製作、運動、ゲームなどの活動 ・片づけ　・排泄、手洗い、うがい
11:50	昼食 当番活動 歯みがき	・昼食 ・当番活動 ・歯みがき
12:30	自由遊び 片づけ	・自由遊び　・片づけ ・排泄、手洗い、うがい　・帰りの支度
13:40	帰りの会	・絵本の読み聞かせ ・お便りの配布 ・明日のお話
14:00	降園 預かり保育 順次降園	・降園する ・保育室で自由遊び
18:00	預かり保育終了	

保育所の一日を理解しよう

　保育所は、原則8時間、開所時間は11時間に加え延長保育が行われており、開所から閉所まで長時間の保育となります。また、0歳（生後2か月以降、生後6か月以降、生後8か月以降など、保育所によって入所できる月齢は異なる）から就学前という幅広い年齢の子どもたちを対象としています。下表の通り、年齢によって子どもの生活は大きく異なり、実習準備として子どもの発達過程の理解はより重要な事項といえます。

　保育所の実習では、一日責任実習の場合は、通常保育開始時間から午睡まで、あるいは順次降園の時間までの場合があり、実習施設と事前に確認する必要があります。

　部分実習は、保育が長時間にわたるためさまざまな場面で行うことができます。子どもたちの園生活を大切にするためにも、どの時間を任されるのかによって、どのような内容を実践していくのかを考えていく必要があります。

ある保育所の一日の流れ

1歳児クラス

時間	生活の様子	子どもの動き
7:15	順次登園	・あいさつ ・健康観察 ・当番保育室で自由遊び
8:30	順次登園	・あいさつ　・朝の支度 ・健康観察　・遊び
9:15	おやつ	・おやつ　・おむつ交換
9:30	遊び（午前寝をする子どももいる） 片づけ	・一人一人の興味・関心に合わせた遊び、製作遊び、表現遊び、運動遊びなど ・保育者と一緒に片づけ ・おむつ交換、手洗い、着替え
11:10	順次食事	・小グループで順次食事 ・おむつ交換
11:50	順次午睡	・眠くなった子どもから午睡
14:00	順次目覚め	・順次目覚め ・おむつ交換　・遊び
14:45	おやつ	・おやつ　・片づけ
15:20	遊び おむつ交換 順次降園	・遊び（午後寝する子どももいる） ・おむつ交換・あいさつ ・水分補給
16:30	遊び	・当番保育室で自由遊び ・順次降園
18:15	補食 遊び 順次降園	・補食を食べる ・当番保育室で自由遊び ・順次降園

4歳児クラス

時間	生活の様子	子どもの動き
7:15	順次登園	・あいさつ　・朝の支度 ・健康観察 ・当番保育室で自由遊び
8:30	順次登園 自由遊び 片づけ	・あいさつ　・朝の支度 ・健康観察 ・自由遊び　・片づけ ・排泄、手洗い、うがい
9:30	朝の会	・みんなであいさつ ・出欠確認　・歌をうたう ・今日の活動のお話
9:45	主な活動 片づけ	・製作、リズム、運動、ゲームなどの活動　・片づけ ・排泄、手洗い、うがい
11:50	昼食、当番活動	・昼食　・当番活動　・片づけ
12:30	自由遊び 片づけ	・自由遊び　・片づけ ・排泄、手洗い、うがい
13:00	午睡	・ホールで午睡、休息
14:30	起床	・コットの片づけ ・排泄、手洗い
14:45	おやつ、片づけ	・おやつを食べる　・片づけ
15:20	帰りの会	・帰りの支度 ・お便りの配布　・明日のお話
15:30	自由遊び 順次降園	・自由遊び ・あいさつ
16:30	自由遊び 順次降園	・当番保育室で自由遊び ・順次降園
18:15 19:15	補食 自由遊び 順次降園	・補食を食べる ・当番保育室で自由遊び ・順次降園

認定こども園の一日を理解しよう

　認定こども園は、幼稚園と保育所の機能を併せもつ施設で、4つの類型（幼保連携型・幼稚園型・保育所型・地方裁量型）があり、その園の類型によって保育ができる対象児や保育時間が異なります。保護者の就労の有無にかかわらず入園することが可能で、1号（教育標準時間認定・満3歳以上）、2号（保育認定・満3歳以上）、3号（保育認定・満3歳未満）の認定区分があり、それぞれの認定のもとで利用することになります。次頁に示すように園生活は、幼稚園・保育所の生活を合わせたような生活で、複雑な動きがあることが理解できます。幼保連携型認定こども園では、子育て支援が義務とされていることから、子育て支援広場も充実している園が多くあります。

　教育実習か保育実習かによって実習できる認定こども園の類型が異なるため、実習担当の保育者とも確認していく必要があります。地方裁量型は認可を受けていないため、実習はできません。また、教育実習であれば3歳以上児を対象とした実習、保育実習であれば0歳児からの全クラスを対象とした実習になります。複雑なシステムであることからも、自分の実習計画についてしっかりとオリエンテーションで確認していきましょう。

児童福祉施設・社会福祉施設の一日を理解しよう

　施設実習は、多くの児童福祉施設・社会福祉施設で行われます。ここでは、主に就学前の障がい児を対象とする児童発達支援センターの一日を紹介します。児童発達支援センターは、障がいのある子どもとその保護者を対象に、療育や相談などの支援を行う施設です。子どもの障がいや発達に合わせて支援計画を立て、個別にていねいなかかわりを行い、その子どもにとって必要な経験ができるように支援することが求められます。

　実習生は、個別的なかかわりを通して、ていねいに「子ども（利用者）を理解する」ことがよりよい支援につながることを意識して取り組んでいくことが大切です。施設実習では、支援計画を立てて療育の実践をしたり、複数の子ども（利用者）を対象とした部分実習を行うことが多くあります。

ある児童発達支援センターの一日の流れ

時間	生活の様子	子どもの動き
9:30	順次登園	・あいさつ　・朝の支度　・健康観察
10:00	朝の会	・みんなであいさつ　・出欠確認 ・手遊び、歌をうたう ・今日の活動内容 ・排泄、手洗い、うがい
10:20	個別レッスン	・一人一人のプログラムに合わせてレッスン（療育）を行う ・感覚遊び、机上遊び、絵本を読む、おもちゃ遊びなど
10:50	小集団レッスン	・運動サーキット ・バルーン遊び　・ゲーム ・排泄、手洗い、うがい
11:40	昼食	・昼食準備　・食事　・片づけ
12:30	帰りの支度	・帰りの支度 ・お便りの配布　・排泄
12:45	帰りの会	・絵本の読み聞かせ ・明日の活動内容
13:00	降園	・あいさつ　・降園

ある認定こども園の一日の流れ

1号認定（5歳児クラス）

時間	生活の様子	子どもの動き
7:15	預かり保育	・あいさつ ・朝の支度 ・健康観察 ・当番保育室で自由遊び
8:30	順次登園 自由遊び 片づけ	・あいさつ ・朝の支度 ・健康観察 ・自由遊び ・片づけ ・排泄、手洗い、うがい
9:30	朝の会	・みんなであいさつ、出欠確認 ・歌をうたう ・今日の活動内容
9:45	主な活動 片づけ	・製作、リズム、運動、ゲームなどの活動 ・片づけ ・排泄、手洗い、うがい
12:15	昼食 当番活動 歯みがき	・昼食 ・当番活動 ・歯みがき
12:45	自由遊び 片づけ	・自由遊び ・片づけ ・排泄、手洗い、うがい ・帰りの支度
13:30	預かり保育の保育室へ移動 帰りの会 降園（預かり保育以外）	・お便りの配布 ・明日の予定
14:00	預かり保育	・自由遊び
14:45	おやつ 片づけ 順次降園	・おやつ ・排泄、手洗い
18:00		預かり保育終了

2号認定（5歳児クラス）

時間	生活の様子	子どもの動き
7:15	順次登園	・あいさつ ・朝の支度 ・健康観察 ・当番保育室で自由遊び
8:30	順次登園 自由遊び 片づけ	・あいさつ ・朝の支度 ・健康観察 ・自由遊び ・片づけ ・排泄、手洗い、うがい
9:30	朝の会	・みんなであいさつ、出欠確認 ・歌をうたう ・今日の活動内容
9:45	主な活動 片づけ	・製作、リズム、運動、ゲームなどの活動 ・片づけ ・排泄、手洗い、うがい
12:15	昼食 当番活動 歯みがき	・昼食 ・当番活動 ・歯みがき
12:45	自由遊び 片づけ	・自由遊び ・片づけ ・排泄、手洗い、うがい
13:30	休息	・ホールで午睡、あるいは休息
14:30	起床	・コットの片づけ ・排泄、手洗い
14:45	おやつ 片づけ	・おやつを食べる ・片づけ
15:20	帰りの会	・帰りの支度 ・お便りの配布 ・明日の予定
15:30	自由遊び 順次降園	・自由遊び ・あいさつ
16:30	自由遊び 順次降園	・当番保育室で自由遊び ・順次降園
18:15	補食 遊び	・補食を食べる ・当番保育室で自由遊び
19:15	順次降園	・順次降園

3号認定（1歳児クラス）

時間	生活の様子	子どもの動き
7:15	順次登園	・あいさつ ・健康観察 ・当番保育室で自由遊び
8:30	順次登園	・あいさつ ・朝の支度 ・健康観察 ・遊び
9:15	おやつ	・おやつ ・おむつ交換
9:30	遊び（午前寝する子どももいる） 片づけ	・一人一人の興味・関心に合わせた遊び、製作遊び、表現遊び、運動遊び ・保育者と一緒に片づけ ・おむつ交換、手洗い、着替え
11:10	順次食事	・小グループで順次食事 ・おむつ交換
11:50	順次午睡	・眠くなった子どもから午睡
14:00	順次目覚め	・順次目覚め ・おむつ交換 ・遊び
14:45	おやつ	・おやつ ・片づけ
15:20	遊び おむつ交換 順次降園	・遊び（午後寝する子どももいる） ・おむつ交換 ・あいさつ ・水分補給
16:30	遊び	・当番保育室で自由遊び ・順次降園
18:15	補食 遊び	・補食を食べる ・当番保育室で自由遊び
19:15	順次降園	・順次降園

3 保育における活動・遊び

子どもの「活動・遊び」とは

　みなさんは、子どもの「活動・遊び」と聞いて、どのようなイメージをもっていますか。保育における子どもの「活動・遊び」は、園生活全体において楽しまれている遊びを広くとらえ「遊び」とし、その中で子どもたちがそろっている時間帯で、一番子どもが活発に遊ぶ内容について「活動」と呼んでいます。また、3歳未満児の場合には、一人一人の子どもが心地よく園生活を行うことが基本で、一人一人がしたい遊びをしたいときに楽しむことが大切なため、すべての時間の遊びを「遊び」と呼ぶことが多いでしょう。

　保育における子どもの「活動・遊び」は、**心と体の発達はもちろんのこと、社会性の発達を促すとても大切なもの**であり、園生活全体を通して行うからこそ子どもの育ちとは切り離せない関係性があります。子どもは、ただしたいことを楽しんでいるだけではなく、**その遊びを意欲的にすることを通して学び成長している**ということなのです。

実習生から見る「活動・遊び」

　それでは、ここで実際の事例を紹介しながら、子どもの「活動・遊び」について、もう少し詳しく考えてみましょう。

> **事例2** 😊 **トンボを捕まえたい！（5歳児）**
>
> 　3人の子どもが、虫取り網でトンボを捕まえようとしますが、なかなか捕まえられず、3人はどうしたらトンボが捕まえられるか相談をしました。トンボが止まったら指でくるくるさせる、虫取り網でトンボを捕まえる、虫かごにトンボを入れるなどと、それぞれの役割を決めようとしますが、みんなが虫取り網を使いたくてなかなかまとまらず、怒り出すKくんがいました。
>
> 　保育者はその様子を見て「どうしたの？」とそれぞれの話を聞いて、「みんなトンボを自分で虫取り網で捕まえたいんだね。……みんなが"トンボを捕まえる役割"ができるためにはどうしたらいいだろう？」と問いかけました。話を聞くとKくんも落ち着き、みんなで保育者の質問を考える様子がありました。
>
> 　Rくんは「みんなが虫取り網でトンボ捕まえれば？」といい、Fちゃんは「でも、さっきやっててできなかったじゃん」といいます。そこにKくんが「1匹捕まえたら交代する？」とぽつり。Fちゃんが「そうだよ。3つの役割をじゅんばんこがいい！」と提案します。Rくんは「でも、ずっと捕まえられなかったらどうすんの？」と聞きました。Fちゃんは「こーんなにいっぱいとんでいるから大丈夫だよ。一緒に頑張ろうよ！」と元気にいいます。すると、3人の気持ちがまとまり、決め方もじゃんけんで選ぶことになりトンボ捕りをはじめたのでした。

　この事例では、"トンボを捕まえたい"という3人の子どもが一つの「活動・遊び」の中でさまざまな経験をしており、その経験を豊かにしていくために、保育者が3人全員に対して肯定的な受け止めと働きかけをしています。この保育者のかかわりによって、3人の子どもは相談し合い協力してトンボを捕まえることになりました。

　実習生となるみなさんは、同じような場面に出合ったときに、このようなかかわりができるでしょうか。もしかしたら、どのようにかかわることが望ましいのかが明確にならず、子どもの気持ちを認めるまでに至らなかったり、子どもに働きかけができずに戸惑ったりするかもしれません。しかしながら、実習生は毎日子どもとかかわる保育者と異なり、突然実習先の園や施設に入って実習する立場であり、数週間という短期間での子どもとのかかわりになるため、迷うことも多いことが当たり前なのです。実習生は、子どもの「活動・遊び」を通して、**子どものことを"知ろう！""わかろう！"と思い積極的にかかわる気持ちが大切であり、そこから保育の楽しさを実感していくことになること**を心に留めてほしいと思います。

子どもの「活動・遊び」と責任実習

　実習生の大きな不安の一つに責任実習があります。主に園生活の一部分を任せられる「部分実習」とその日一日を任せられる「一日実習」があげられます。実習生となるみなさんは、つい"何をしようか？""失敗したらどうしようか""保育者の見る目が気になる"など思うがゆえに、不安がどんどん膨らんでしまうのではないでしょうか。

　しかし、実習生の責任実習は、子どもにとって毎日の園生活の一部であり、子どもの「活動・遊び」の一つであるということをまず心に留めてください。つまり、責任実習はその園の保育者が今まで積み重ねてきた保育を踏まえて、さらに積み重なっていく子どもの「活動・遊び」なのです。子どもは、実習生との「活動・遊び」を楽しみにしています。**子どもと実習生のみなさんで「活動・遊び」を一緒につくり出して楽しむことを軸に**して計画していきましょう。

　また、実習生という立場であるため、事前にある程度どのような「活動・遊び」をしようかと考えて、実習開始前に準備をしていることでしょう。責任実習を行うためのセリフなども細かく決めて覚えようとしている人もいるのではないでしょうか。

　実習生として責任実習について、ていねいに計画して準備をしていくことはとても大切なことですが、実習生が計画した通りに責任実習をするということは、子どもを見ずに一方的に"見せる"責任実習になってしまいます。責任実習を含む保育実践は**"子どもの姿や遊びの様子を見ながら柔軟に実践する"**ということが大前提です。子どもの「活動・遊び」は子どもが主体であることを心に留め、実際の子どもの姿をていねいにとらえ、最終的にどのような責任実習にするのか実習担当の保育者と相談しながら決めていきましょう。

 子どもの発達と活動・遊び

活動・遊びを考えるためには、子どもの発達の理解はとても重要です。ここでは、各年齢クラスの子どもの発達と活動・遊びと生活などをまとめました。ここで紹介する活動・遊びはあくまでも一例ですので、活動・遊びを考える上での参考にしましょう。

0歳児クラスの発達	活動・遊びと生活
0歳前半 ・首がすわり、寝返りをする、腹ばいになるなど、全身の動きが活発になる。 ・喃語（なんご）、泣く、ほほえむなどで自分の欲求の表現をする。 ・応答的にかかわる特定の大人と情緒的な絆が形成される。 😊 **こんな遊びが楽しい！** ➡ 皮膚感覚の心地よい刺激のある遊びや、動きがあったり音が出たりするおもちゃで遊ぶことを喜ぶ。	わらべうた 「一本橋こちょこちょ」「うえからしたから」「にんどころ」 この時期は、保育者がやさしく語りかけるようなわらべうたを通して、人とのかかわりや触れ合いを楽しむ。子どもの様子に合わせてゆったりとした雰囲気を大切にする。笑顔で喜んでいるようであれば、繰り返し楽しむこともよい。 運動遊び **感覚を使った遊び** 色がはっきりしたおもちゃを眺めたり（視覚）、音が鳴るにぎにぎなどを手にもったりふったりして（聴覚・触覚）、自分の動きによる変化を楽しむ姿がある。また、自分の手や足をもって自分の口に入れようとするなど、体を動かして楽しむ。保育者がそばにいながら応答的な語りかけによって安心して楽しむことができる。 遊びの留意点 **子どもの機嫌がよいひとときを大切にしよう** まだ、起きている時間と眠る時間の間隔は短いので、起きている機嫌のよいひとときに心地よく遊ぶことを大切にする。一対一でのゆったりした雰囲気で楽しめることを心がけよう。
0歳後半 ・座る、はう、伝い歩きを経て、一人歩行を喜ぶようになる。 ・自分の意思や要求を喃語や身振りで伝えようとしたり、大人の言葉も少しずつわかり、言葉をまねたりする。 ・特定の大人との応答的なかかわりにより情緒的な絆が深まり、やりとりが盛んになる。 ・人見知りをするようになる。 😊 **こんな遊びが楽しい！** ➡ 動きが活発になり、自分の体位を変えたり、行きたい場所に移動することを喜ぶ。 ➡ 身近なものに興味を示し、口に入れて確かめたり探索活動が盛んになったりする。触れ合い遊びも喜ぶ。	絵本 **布絵本** 布絵本は、やわらかな布の感触を楽しみながら、色鮮やかな色や身近なものの絵に興味・関心をもつ。保育者の膝に座りながら楽しむこともでき、お座りやうつ伏せで自分一人でもゆっくりと楽しむこともできる。 触れ合い遊び わらべうた 「うまはとしとし」「まあるいたまご」「ちょちちょちあわわ」 大好きな保育者と一緒に触れ合う遊びが大好きで繰り返し楽しむ姿がある。わらべうたや触れ合い遊びでやさしく語りかけ、子どもの様子に合わせてゆったりと楽しむ。一対一が基本であるが、少人数で楽しむこともできる。 感覚遊び 「センサリーバッグ」※「お湯・水遊び」「小麦粉（米粉）粘土」 さまざまな感触を安全に楽しく遊べるように準備をする。たとえば、子どもが口に入れて遊ぶことを前提に素材に配慮したり、使用前に壊れていないか確認したりする。初めての感覚との出合いもあるため、保育者も一緒に楽しみながら無理なく経験できるようにする。※ p.19 column「手づくり感覚遊び—センサリーバッグ」参照 運動遊び **体を動かして遊ぶ** 保育室に子どもの発達に合わせて体を動かすことができる運動遊びの環境を設定する。布団やマットで坂道、巧技台で階段、段ボールでトンネルなど、保育者のアイデアを出して身近なものを活用していく。機嫌のよいときにいつでもできるように設定して楽しめるようにする。安心できる保育者がやさしく言葉かけしたり見守ることで、子どもはより楽しむことができる。 遊びの留意点 **安全に思うままに遊びを楽しめるようにしよう** 少しずつ、自分で移動できるようになることで、興味・関心のままに動いて遊ぶようになる。事前に避けられる危険は確実に取り除き、できるだけ制止はしないよう心がけて、思いのままに楽しめるような環境づくりをする。保育者は子ども一人一人が好きな遊びを十分に楽しめるようにかかわる。

1歳児クラスの発達	活動・遊びと生活

・一人歩行が活発になり、行動範囲も広がり、興味のある方向にどこまでも歩くことを楽しむ。

・押す、投げる、つまむ等、手先や指先を使った動きが少しずつできるようになる。

・大人に呼びかけたり「いや」など拒否を表す片言を使う。二語文を話しはじめる。

・親しい大人に自分の意思などを伝えたい要求が高まり、自己主張がはじまる。

・人とのやりとりやものの取り合いなどが頻繁になり、引っかきなどのトラブルが増える。

😊 **こんな遊びが楽しい！**

➡ 象徴機能が発達して、模倣や見立て遊びを喜ぶ。

➡ 一人遊びややりもらい遊びをすることを喜ぶ。

➡ 手遊びや音楽遊び、なぐり描きを喜ぶ。

➡ 絵本を見たり、読んでもらったりすることを喜ぶ。

（手遊び）（歌遊び）　「やさいのうた」「あたま・かた・ひざ・ポン」「いとまき」

まだぎこちない体や手指の動きではあるが、子どもはリズムや歌に合わせて体を動かすことをとても喜ぶので、"できる・できない"にとらわれすぎずに子ども自身が楽しむ姿を大切にする。最初はゆっくりうたい動作も大きくするように心がけ、子どもの様子を見ながら速さなども工夫するとよい。

（運動遊び）　「段ボール箱」「トンネル」「箱積み木などを使った遊び」

一人歩行が安定してくると、さまざまな動作をすることが楽しくなるため、全身を使いながら基本的動作を繰り返し楽しめる遊具を設定する。段ボール箱は、箱の中に入ったり、出たり、座るなど、さまざまな動きが楽しめる。

（絵画遊び）　「なぐり描き」（クレヨン、絵の具、サインペンなど）

クレヨンをもって、画用紙の上でクレヨンを動かして遊ぶ。まだ腕や手指の発達が未熟で肩やひじを動かして描くため、大きなグルグルを描いた絵になる。力加減もむずかしいため、画用紙からはみでることもある。自分が動いたことによってクレヨンで表現されることを喜んだり、楽しんだりする。

（感覚遊び）　「お湯・水遊び」「砂・泥遊び」「寒天・氷遊び」

何でも口に入れて確かめる姿が見られなくなると、感触遊びの幅が広がる。砂や泥遊びははじめは不安がる子どももいるので、無理なく経験できるようにする。寒天・氷遊びは事前の準備が必要であるが、同時に取り入れていくと感触の違いも感じながら楽しめる。

（遊びの留意点）　**子ども一人一人の遊びのタイミングを大切にしよう**

子ども一人一人の月齢差や個人差が大きい時期なので、一人一人がしたい遊びをしたいときに楽しむことを大切にする。一斉に活動として行うことは避けて、興味・関心をもった子どもからはじめていきながら、他の子どももタイミングを見て誘うなど無理なく遊べるように留意していく。

2歳児クラスの発達	活動・遊びと生活

・両足跳びや手先を使った細かな遊びができるようになってくる。

・身体運動コントロールが上手になってくる。

・基本的な運動機能が整うことで、食事や衣服の着脱を自分でしようとしたり、排泄の自立のための機能も整ってくる。

・発声が明瞭になり、語彙が著しく増える。

・「何？」「なんで？」と何度も質問してくる。

・自分の思いと友達の思いとがぶつかり合い、けんかになることが増える。

・気の合う友達と一緒に過ごすことを喜んだり、同じことをしたがる。

（絵本）（紙芝居）　**お話**

イメージを膨らませながら簡単な繰り返しのあるお話の世界を楽しむようになり、絵本の読み聞かせや紙芝居はどの子どもも楽しみの時間になる。この時期こそ、お話の選択を季節や目の前の子どもの姿に合わせてていねいに行い、語りの心地よさを感じられる経験を大切にする。

（ペープサート）（パネルシアター）（スケッチブックシアター）　「簡単なお話」「クイズ」「歌遊び」

興味・関心のある簡単なお話や身近なクイズ、歌遊びなどを、ペープサートやパネルシアター、スケッチブックシアターなどを通して楽しむ。視覚的にわかりやすく楽しめることで他児とその楽しみを共有することも楽しく感じる。

（絵画遊び）　「デカルコマニー」「フィンガーペインティング」「スタンプ」「お絵描き遊び」

絵画としての作品づくりというよりは、どんなふうになるのか、そのプロセスを楽しむことができる絵画遊びを大切にする。さまざまな素材を使って遊ぶことで、子どもも楽しく遊びができる。お絵描きは、自分のイメージを表現する大切な経験なので、いつでも楽しめる環境づくりを心がける。

（手先を使った遊び）　「新聞紙遊び」「アクセサリーづくり」「粘土遊び」

指先を動かして遊ぶことを楽しめるようになるため、新聞紙遊び（やぶいて全身を動かしてまき散らして楽しむ⇒ちぎった新聞紙を丸めてボールづくり⇒的当て）や、ストローやビーズを使ったひも通しでアクセサリーをつくる、粘土をちぎったり丸めたり、道具を使って遊ぶなど、さまざまな遊びから手先を使う経験を楽しめるようにする。

➡ 絵本や紙芝居などを通して、イメージの世界を楽しむようになる。

➡ 手先・指先を使った遊びをしたがる。

➡ 簡単なゲームをすることを喜ぶ。

➡ 手遊びや音楽遊びは、リズミカルなものを好み、模倣することを楽しむ。

活動・遊びの留意点　保育者がパイプ役となり遊びを楽しめるようにしよう

２歳児は、他児とのかかわりも増え、集団で遊ぶことができているように見えるが、平行遊びの時期でもあるので、まだ一人の世界で遊んでいることが多い。一人で遊ぶことや少人数で遊ぶことを大切にながら、保育者が子どもたちのパイプ役となり、やりとりを継続して楽しめるような援助を行う。また自分でできることが増え、自分でやりたがるようになるので、保育者が楽しく遊ぶ姿を見せたりすることで子どもの遊びへの興味・関心が広がるようなかかわりを心がける。

3歳児クラスの発達　｜　活動・遊びと生活

・基本的な運動機能が伸びるため、食事、排泄、衣類の着脱などの生活面のことを自分でできるようになる。

・はさみで形を切り抜くことに挑戦し、左手で紙を動かし、右手ではさみを操作することができはじめる。

・人とかかわるあいさつの言葉を使うようになったり、自分の経験を言葉で伝えることができるようになる。

・「なぜ？」「どうして？」の質問を盛んにする。

・言葉によるコミュニケーションが可能になってくる。

・遊具を媒介にして友達とかかわり徐々に一緒に遊ぶようになり、共通したイメージをもった遊びを楽しむようになる。

・好きな友達との間で貸し借りや順番・交代ができる。

・遊びをリードする子どもを中心に仲間が集まり、遊びが膨らんでいく中で、子ども同士で言葉のやりとりを楽しむ姿が見られるようになってくる。

➡ 複雑な構成遊びを楽しむようになってくる。

➡ 友達と同じ体験をすることにより、共通の話題で遊びを楽しむようになる。

➡ 気の合った友達とごっこ遊びなどをする中で、役をもったり、共通のイメージをもって遊ぶことを喜ぶ。

➡ 簡単なストーリーがわかるようになり、絵本に登場する人物や動物と同化して考えたり想像を膨らませたりする。

製作遊び　「凧づくり」「コップけん玉」「風船ロケット」「手づくり楽器」「紙皿ブーメラン」

ビニール袋、紙コップ、紙皿などの身近な素材や、のりやはさみなどの道具を使いながら製作を楽しむ経験を大切にする。自分でつくったもので満足感をもって遊ぶことはとても大切なので、たくさん遊んでボロボロになるまで楽しみ、「自分でつくって遊ぶことが楽しい！」という気持ちをもてるようにしていく。

折り紙　「おにぎり」「動物」「星」「チューリップ」「くり」

折り紙を基礎「端と端をそろえて折る」「折り目をしっかりつける」を大切にしながら、折る数が少ない作品からスタートする。一人の作品ではなく、みんなの作品で壁面装飾になるようなアイデアをもって取り組むと「みんなで」という気持ちをもって楽しめる。折り紙は個別の援助も必要であるため、自由遊びの中で継続的に取り入れていくとよい。

手遊び　歌遊び　「やおやのおみせ」「おちたおちた」

友達で同じ動きをして楽しむ、声を合わせてうたうことが楽しく感じる。手先も思うように動き、歌の歌詞の意味も理解しはじめることから、保育者は季節や行事など子どもの生活の様子に合わせながら、楽しめる機会を大切にする。リズムに合わせて体を動かすことも大好きなので、保育者も一緒に楽しんでいく。

運動遊び　「しっぽ取り」「ケンケンパ遊び」「ボールけり」「ひょうたん鬼」「遊具での遊び」

体を自分の思うように動かすことができるようになり、動きが活発になる。友達と簡単なルールのある遊びがしたい気持ちも高まり楽しむようになる。友達とボールやフープ、縄などの道具やジャングルジム、鉄棒、ブランコなどの遊具を使って体を動かすことも喜び、繰り返し楽しむようになる。

水・泥遊び　「泥遊び」「ジュースづくり」「ワニ歩き（プール）」

3歳児になるとみんなで大きなプールで遊ぶ機会も多くなり、夏の遊びとして楽しみの一つとなる。たらいを囲んで好きな色を混ぜながらジュースづくりをしたり、水車などの道具を使って水を流す工夫をしながら遊ぶなど、さまざまな遊びへと広がっていく。泥遊びもダイナミックになり、保育者や友達と体を泥だらけにして遊ぶ子どももいる。

活動・遊びの留意点　友達とかかわりながら試行錯誤を楽しめるようにしよう

自分でできることがうれしくて自信につながる時期である一方で、自分の思うようにいかないこともあり、保育者のタイミングのよい援助が大切な時期である。うまくできない中で試行錯誤する経験を通して満足感や達成感につなげていくようにする。

| 4歳児クラスの発達 | 活動・遊びと生活 |

4歳児クラスの発達

・全身のバランスをとる能力が発達し、片足跳びやスキップなど、体の動きが巧みになる。
・走りながらボールを蹴るなどさまざまな「〜しながら〜する」活動が可能になる。
・描線を見ながら鉛筆を動かしたり、モデルを見ながら鉛筆を動かしたりすることが可能になる。
・日常の会話はほぼできるようになる。
・乱暴な言葉や汚い言葉を使いたがり、周囲の人の反応を楽しむ。
・その日の出来事や過去の出来事について接続詞を用いながら複文で話す。
・言葉で自分の伝えたいことなどを友達に話す中で、自分の気持ちや行動を調整するようになる。
・競争心が芽生え、けんかが多くなる。
・感情が豊かになり、身近な人の気持ちを察して、少しずつ自分の気持ちを抑えたり、がまんするようになってくる。
・同じ空間で複数の子どもたちがやりとりしながら、おおむね同じ遊びをして楽しむようになる。

こんな遊びが楽しい！

➡ 気に入った道具や場所を見つけて遊ぶ。
➡ 集団での遊びの楽しさが感じられるようになり、長く続くようになる。
➡ なぞなぞやしりとりに興味をもち遊ぶようになる。
➡ 絵本や童話などを読み聞かせてもらい、遊びの中で表現することを楽しむ。

活動・遊びと生活

（絵本）（紙芝居）**ストーリーのあるお話、自然・生き物のお話**
お話も多少長いものも理解して楽しむことができるようになってくる。登場人物の思いも感じながらお話の世界を楽しむ。また、自然や生き物のお話にも興味・関心が高まり、好奇心や探究心をもって楽しむ。園にある絵本や紙芝居は内容を理解していることも多いので、図書館などで借りた絵本・紙芝居を活用していくとよい。

（絵画遊び）**「吹き絵」「マーブリング」「スクラッチ」「行事の思い出」**
いつもの道具や教材に加え、特別な道具・教材で絵画遊びを楽しむようになり、道具の使い方をていねいに伝えてその子どもならではの絵画遊びを楽しめるようにする。また、行事で印象に残った絵画を描く機会も多くなり、「友達と同じがいい」という感覚をもつ時期であることを認め、絵を描く楽しさを大切にかかわっていく。自然物も活用することでバリエーションも広がっていく。

（製作遊び）**「廃材遊び」「お店屋さんごっこの品物づくり」**
製作の手順が増えたり、立体的なものをつくることを楽しむようになる。友達同士で確認したり教え合う姿が出てくる。製作で使用する素材も増え、「これを使いたい」というアイデアも出てくる。廃材遊びにも興味をもち、空き箱、段ボール、スチロール皿などの廃材とサインペン、クラフトテープ、PEテープ（ポリエチレンテープ）、のりなどのさまざまな教材を使って楽しむようになる。

（ゲーム）**「カードゲーム」「すごろく」「将棋」「フルーツバスケット」**
ルールのある遊びに興味をもち、ルールを守って遊ぶと楽しいと感じられるようになってきたこの時期に、少人数、大人数で一緒にゲームを楽しむ経験は大切である。室内・室外問わずに用意をして、会話をしながら楽しめるようにする。保育者ははじめは一緒に遊びながら仲立ちしたり、ルールをみんなで確認しながら進められるような援助をしていく。

（活動・遊びの留意点）**仲間意識を認めて大切につないでいこう**
4歳児は、仲間意識が出てきて遊びの中でも仲間を意識した行動をする。表現活動でも「同じ」を好み、それを楽しむようになる。このような姿を認めながら、道具や素材を繰り返し使ってさまざまな種類の遊びを通して楽しめるようにしたい。保育者は、その子どもの行動や作品などの中にある「その子らしさ」を言葉で伝えて、自己肯定感を育んでいくことが大切になる。

---

column　手づくり感覚遊び — センサリーバッグ

「センサリー（sensory）」とは、「知覚の・感覚の」という意味で、センサリーバッグとは感覚遊びを楽しめるおもちゃの一つです。簡単につくることができますので、ぜひつくってみましょう。
① 保存袋に保冷材（ジェル）もしくは洗濯のりを入れる。
② ビーズ・ボタンなどアイテムを入れてジェル（もしくはのり）と混ぜて空気を抜く。
③ もう1枚、保存袋を被せて二重にする。
④ 保存袋の周囲にテープなどを貼り補強をする。

5歳児クラスの発達	活動・遊びと生活
・大人が行う動きのほとんどができるようになる。 ・縄跳びやボール遊びなど体全体を協応させた複雑な運動をするようになる。 ・描画では、縦と横、斜めがわかり、三角形が描けるようになる。 ・言葉を使っての共通のイメージをもちながら遊んだり、目的に向かって集団で行動することが増える。 ・童話や詩などを聞いたりする中で、言葉のおもしろさや美しさに興味をもつようになる。 ・靴箱やロッカーなどに書かれた名前などをきっかけに文字がわかると便利だと体験的にわかる。 ・遊びに必要なものを自分で用意したり、自分なりにつくっていこうとしたりする。 ・気の合う友達との結びつきが強くなるが、思うようにかかわれない子どももいる。 ・自分の考えを言葉で表現するようになり、意見のぶつかり合いが増え、スムーズに遊びが進まないことがある。 ・異年齢児とのかかわりを深めて思いやりやいたわりの気持ちをもつようになる。	**お話** 「素話」「エルマーのぼうけん」「ももいろのきりん」 保育者が語るお話に子どもが耳を傾けて聞き、自分なりのお話の世界を楽しむようになる。保育者は、本を手にして読んだり、覚えたお話を語ったり、ときに保育者ならではのつくったお話など、子どもたちがいつも聞く保育者の語りを心地よく聞ける環境を整えていくことが大切になる。 **歌・歌遊び** 「季節の歌」「はないちもんめ」「じゃんけん列車」 5歳児は「クラスのみんなで」という気持ちが高まり、集団で遊ぶことの楽しさを感じている。歌をうたうことのみを目的にせずに、一緒に声を合わせる楽しさや歌をみんなでうたいながら遊ぶおもしろさにも気づいて楽しむことを大切にしていく。 **運動遊び** 「鬼ごっこ」「どろけい」「ドッジボール」「リレーごっこ」 集団での運動遊びが大好きで、友達を誘い集めて遊びがスタートすることも多い。チームに分かれて遊ぶときには、チームのメンバーで作戦を立てるために相談したり、協力し合うことを楽しむようになる。もめごとがあっても、子どもたちで解決していく経験を大切にするため、保育者は遠くで見守り、むずかしい場合には子どもたちで解決できるように援助をしていく。

<table>
<tr><td></td><td>折り紙 「メダル」「ぱくぱく」「二艘船」「七夕飾り」「しゅりけん」「くす玉」
折る手順の多い一つの作品を自分で最後までつくれるようになる。2枚を組み合わせたり、友達と同じものをたくさんつくって組み合わせて折り紙作品をつくることもするようになる。市販の折り紙だけでなく、包装紙などを上手に活用してさまざまな模様を楽しめるような工夫もしていくと遊びの幅が広がっていく。</td></tr>
</table>

<table>
<tr><td>😊**こんな遊びが楽しい!**
➡ 集団での運動的な遊びが盛んになり、その中でそれぞれに役割をもちながらルールのある遊び、勝敗のある遊びをすることを喜ぶ。
➡ 自分なりの目標をもって、縄跳びやコマ回しなどをする。
➡ グループに分かれて、子ども同士で話し合ったり、考え合ったりしながらつくり上げていく。</td></tr>
</table>

ペープサート **パネルシアター** **エプロンシアター**® 「子どもたちの遊びへつなぐ」
子どもたちは、ペープサート・パネルシアター・エプロンシアター®は大好きで、興味をもって楽しむ。5歳児になると「自分でもつくってやりたい!」という思いも高まることから、見て楽しむから自分でつくって楽しむという展開をすることも少なくない。そのためにも、季節や子どもの興味・関心を踏まえた遊びにしていくことが大切になる。

活動・遊びの留意点 子ども同士で相談しながら遊びを展開できる援助を大切にしよう
子どもたちの発想や考えを受け止めながら、集団での遊びのおもしろさへとつないでいけるように環境づくりを整えることが大切である。保育者は子ども同士で話し合う機会を大切にして、遊びを展開できるように支える姿勢を大切にしていく。そして、「みんなでできた」「みんなと遊んで楽しかった」という経験を積み上げていく。

Part2

活動・遊びを
　　　実践してみよう

1 絵　本

絵本の読み聞かせの基本

　絵本の読み聞かせは、語り手が広げる絵本の絵を自分の目（視覚）を通して見て、語り手が語るお話を自分の耳を通して聞き（聴覚）、絵本そのものの世界を楽しむ児童文化財の一つです。

　一人の子ども、数人の子ども、クラス全員になど、絵本の読み聞かせはそのときの状況や場面に合わせて語りますが、子ども一人一人が自由に自分だけの絵本の世界のイメージを膨らませて楽しむこともできます。そのため、保育者は絵本そのものが語ろうとしていることを理解しながら子どもにていねいに語っていくことを基本とします。そして、それを子どもがどのように受け止めるのか、何を楽しんでいたかなどについて、肯定的に受け止めて任せていくことが大切です。

　保育において絵本の読み聞かせを行う場合は、まず絵本とは本来、紙芝居などとは異なり保育者が集団の子どもたちを前にして読み聞かせることには、あまり適していないという特性を理解することが大切です。絵本の読み聞かせは、子どもが保育者の膝に座り、一対一あるいはそれに興味を示して寄ってきた数人でゆったりとした雰囲気の中で読み聞かせをして、心地よいコミュニケーションとともに絵本の絵やお話の世界を楽しむものです。また、子どもが自分でページをめくるたびに絵や色彩の変化のおもしろさを感じて、次々とめくることを繰り返したり、きめ細やかに描かれた絵や表現を時間をかけてじっくり見て楽しんだり、気に入った絵本を指でなぞりながら文字を追って読むなど、自分や友達と楽しむことができる魅力ももち合わせています。

絵本の読み聞かせの前に

● 絵本のもち方

絵本の読み聞かせのときの絵本のもち方は、子どもが絵をできるだけ見やすいようにもつことが基本です。また、絵本が揺れたりぐらつかないように安定してもつことが大切です。あらかじめ、絵本の絵を見ながら、どこをもつとよいのか確認しておきましょう。

● 絵本の角度

絵本の読み聞かせは、どの子どもも絵本の絵全体が見えるように配慮することは大前提です。絵が見えないことで、子どもが場所の取り合いになったり、集中して楽しむことができなくなったりします。読み聞かせの前に子どもの視線を確認して、どの子どもにも見えるように絵本の角度を調整しましょう。絵本の紙の材質によっては、光ってしまい見えないこともあるので、材質についても事前に確認するとよいでしょう。

● 絵本の読み聞かせの環境づくり

絵本の読み聞かせは、絵本の世界に集中してゆったりとくつろぎながら楽しめる環境が重要です。できるだけ静かで落ち着いた環境づくりを心がけましょう。たとえば、絵本の読み聞かせをする保育者のうしろは壁など変化のない背景にする、保育室の隅のような静かな場所にするなどがあげられます。

絵本の読み聞かせの留意点

＜一人から数人の場合＞

子どもが数人いるときは、その子どもたちも見えるように、絵本の開き方や角度を配慮しましょう。

子どもが見やすいような絵本の距離にしましょう。

絵本の絵を事前に確認して、邪魔にならないようにもちましょう。あらかじめ絵本はしっかり開けるようにしておきましょう。

＜集団の場合＞

子どもの視線に絵本の角度を合わせましょう。

お話をするときの発音はわかりやすく、やさしく語りかけることを心がけましょう。

それぞれの子どもが落ち着いて楽しめるように、じゅうたんやマットの上で座れるようにします。椅子の場合は全員が見ることができる位置に配置しましょう。

読み聞かせの背景は動きがない場所を選びましょう。

発達に応じた保育実践のポイント

　乳児（0歳児）は、一人一人が心地よく過ごすことが基本のため、実習生の膝の上に子どもが座るなどスキンシップを大切にしながら読み聞かせをします。また、1〜2歳児になると、お気に入りの絵本を「読んで」とリクエストする姿が見られるようになります。好きな遊びの中で楽しむだけでなく、食事前などの生活の区切りに興味・関心をもつ子どもたちが集まって読み聞かせを楽しむことも増えてきます。3歳以上児になると、クラスの子どもの集団で保育者の絵本の読み聞かせを楽しむ場面が多くなります。

　どの年齢の子どもでも、絵本の世界を大切にしながら、声の大きさやはっきりとした発音で読み聞かせをし、子どもそれぞれが絵本の世界を楽しめるように配慮します。

乳児 保育実践のポイント

- ✅ **絵　本**：小型で安全に配慮されたもの（角が丸い・厚紙など）にする。色彩が鮮やかだったり、オノマトペを使った絵本などが多い。子どもの興味・関心に合わせたものを用意する。

- ✅ **環　境**：発達状況に合わせて、乳児の視線の高さに絵本を合わせる。保育者の膝に座って読み聞かせをするときには、保育者は保育室の中央を向き、他の子どもの遊びの様子も把握できるようにする。

- ✅ **実習生**：乳児が興味・関心をもつタイミングを大切にして、実習生の膝の上に乳児が座るなどして、ゆったりと落ち着いた雰囲気や、心地よい語りかけを心がける。

1歳以上3歳未満児 保育実践のポイント

- ✅ **絵　本**：基本的に子どもが「読んで」「一緒に見よう」などリクエストしたもの、子どもの興味・関心や季節に合わせたものなど、子どもと楽しめるものを一緒に探す。

- ✅ **環　境**：子どもが保育者の膝に座るあるいは保育室の隅など落ち着いた場所を選ぶ。また、子どもが絵本に集中して楽しめる環境づくりを大切にする。子どもが自分で好きな絵本を選び、じっくり楽しむ環境づくりも行う。

- ✅ **実習生**：穏やかな声でゆったりと語り、子どもとのやりとりを楽しむ。一緒に見る子どもの人数によっては、絵本の位置や声の大きさ、発音の仕方なども工夫するようにする。

3歳以上児 保育実践のポイント

- ✅ **絵　本**：子どもの発達や季節に合わせた内容を選択する。絵本の大きさが集団で見て楽しめるかどうかを確認する。

- ✅ **環　境**：子どもが絵本を集中して楽しめる環境を整える。読み聞かせをする保育者は、子ども全員が見ることができる位置につく。子ども同士で絵本を楽しみながら見ることもできる環境づくりも行う。

- ✅ **実習生**：子どもたちが聞きやすい大きさの声ではっきり話す。子どもの発達に合わせてストーリーの長さを考慮し、事前に練習をして、滑らかな読み聞かせとなるように心がける。

絵本を楽しもう

実践例　大型絵本の読み聞かせ

遊び　活動　集まり

絵本の絵は、登場人物や動物、食べ物、背景など描かれたすべて一つ一つにこだわりがあり、そこには作者の思いが込められています。そこで、集団での読み聞かせでも、みんなが楽しめるようにとつくられたのが大型絵本です。長年にわたり子どもたちに愛されている絵本や人気のある絵本が、大型絵本となっています。

事前準備

・大型絵本を実習先あるいは近くの図書館などで借りることができるか確認しましょう。
・季節や子どもの年齢に合わせて選び、読み聞かせの練習をしておきましょう。

子どもの座る位置に合わせて、スタンドや椅子、机などを使い、絵本を安定できるようにします。

POINT

・迫力ある大きな絵を見ながら子どもたちみんなで楽しめる配慮をしよう。
・子どもたちにとっていつも読み聞かせている絵本とは異なるちょっと特別感のある活用方法にしていこう。
・実習生自身が活用する意味を明確にしていこう。

実践例　手づくり絵本での読み聞かせ

遊び　活動　食事　集まり　午睡

みなさんは、学校の学びの中で手づくり絵本や布絵本などの児童文化財を製作していることも多いのではないでしょうか。実習は、保育施設で保育を学ぶほかにも、学校で製作したものを実際に子どもに見せたり、一緒に遊んでみてどうであったか確かめる中で学ぶ場でもあります。自分がつくった布絵本や手づくり絵本を実際に実習で活用してみましょう。

布絵本

・子どもとの布絵本を通したかかわりや、やりとりを楽しみましょう。
・丈夫な縫い方で子どもの安全を確保しましょう。
・丈夫で子どもが操作することを楽しめているかどうか、不具合がないかも確認しましょう。

手づくり絵本

・対象年齢のクラスで実際に読み聞かせをして子どもの様子を確かめましょう。
・自分が考えていた箇所ではないところを子どもがおもしろがったり、楽しむ場合もあります。

絵本をつくるときには小さな部品も取れないように必ず縫い合わせるようにしましょう。子どもは力のコントロールがむずかしいので、細かくていねいに縫い、頑丈にしましょう。

ストーリーを決めてから絵本のサイズやページ数を考えていきます。絵は手描き、貼り絵、パソコンでの作成など、さまざまな方法があります。

POINT

・子どもたちと自由遊びを楽しむ中で実習生が一つのコーナーとなって、子どものタイミングでいつでも楽しめるようにしよう。
・子どもの表情や仕草を見ながら、ていねいにやりとりを楽しもう。

実践例 午睡場面に合わせた絵本の読み聞かせ ────────── 午睡

　午睡前の絵本の読み聞かせは、これから気持ちを穏やかにして布団に入ることを促していくために、絵本をしっかりと選定することが大切です。そして、読み聞かせのはじまりからおわりまで、ゆったりと落ち着いた雰囲気を大切にして、子どもたちの気持ちを午睡の時間へと滑らかに移行できるようにします。

絵本の選択

- 季節や行事なども考慮して選ぶと、イメージを膨らませて楽しむことができます。
- ストーリーが心穏やかに進んでいくものや、午睡に移行する上で不安になったり怖がったりしないものを選択しましょう。

読み聞かせ

- 落ち着いた雰囲気をつくり出す声の出し方や大きさについて配慮しましょう。
- 口をしっかり動かして発音すると、子どもが気持ちよく聞くことができます。

POINT

- 滑らかに午睡へ移行するとともに、子どもたちが生活の区切りとして午睡へ気持ちを向けられるようにしよう。
- 読みおわったあとは、子どもたちあるいは一人一人に穏やかな声で「おやすみなさい」とあいさつをしよう。

実践例 活動の導入の絵本の読み聞かせ ────────── 導入

　主な活動の導入として絵本の読み聞かせをする場合には、あくまでも導入であるので、その主な活動を子どもが「やりたい！」と思えることや活動に気持ちよく移行できるようにすることが大切です。絵本の内容や読み聞かせに必要な時間を事前に確認して、いつ・どのタイミングで読み聞かせをすると効果があるのかを考え、実習担当の保育者と相談していくとよいでしょう。

絵本の選択

- 主な活動に関係する内容であることが何より重要です。
- 絵本の読み聞かせから、活動の具体的なイメージがわき、同じものをつくりたい（やりたい）と思えるものを選択します。

読み聞かせ

- 活動の導入であっても、絵本の読み聞かせそのものは楽しめるようにします。
- 読み聞かせしたあとの子どものつぶやきを大切に拾い上げながら、活動への興味・関心へとつないでいきましょう。

POINT

- 導入の絵本をさりげなく保育室に飾っておこう。
- 絵本の読み聞かせとともに、活動への子どもの興味・関心を高めよう。
- 製作物などを事前に保育室に飾ったりして、準備物は子どもと一緒に用意することで楽しみも増やそう。

保育室に絵本を飾る

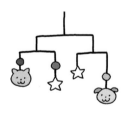
製作物などを天井からつるす

　子どもや利用者にとって、絵本の読み聞かせを楽しめるかどうかは、興味・関心だけではなく、子どもの年齢や月齢、利用者の障がいの程度など、個人差への配慮が大切です。大人数で楽しむよりは、一対一あるいは少人数で子どもや利用者に合わせて読み聞かせをすることが、子どもや利用者にとっての楽しい経験につながりやすいといえるでしょう。

絵本の選択

・子どもや利用者の状況に合わせて、絵本の絵を見る（視覚）ことに意識をもっていくのか、触れる感覚（触覚）に意識をもっていくのかなど、

いろいろな素材・教材がある
ストーリーに出合える絵本

その子どもや利用者に経験してほしいことを明らかにして選びましょう。

読み聞かせ

・大切な部分や注目したい部分を少しオーバーな抑揚をつけた語り方にしましょう。
・絵本の注目したい場所を指さしてていねいに伝えたりします。

POINT

・子どもや利用者の様子を見ながらやりとりを大切にしよう。
・子どもや利用者が楽しいと感じることを繰り返し楽しむ機会をつくろう。
・子どもや利用者の思いを受け止め共感することを大切にしよう。

column 　大人にとっても魅力ある絵本

　絵本は子どもが大好きな児童文化財であり、子どものためにつくられている印象があるのではないでしょうか。しかし、絵本は大人にとってもとても魅力的なものです。繊細な絵の描き方や色づかいに美しさを感じたり、心が疲れたときにホッと心が温まったり、絵本の物語から勇気をもらったりと、本当の幸せは何かを考えさせられる絵本もたくさんあります。自らの人生を歩んできたからこそわかる絵本の魅力に出合うのではないでしょうか。子どものころお気に入りだった絵本も、大人になった今読んでみるとまた違ったおもしろさを感じるかもしれません。今のみなさんにとって魅力を感じる絵本を探しに、書店や図書館に足を運んでみましょう。

Let's try　自分が幼いころ好きだった絵本の読み聞かせをしよう

自分の好きだった絵本の魅力を伝え、仲間同士で保育者役と子ども役に分かれて読み聞かせをしてみよう。

STEP ①　自分が幼いころ好きだった絵本を1冊選ぼう。
STEP ②　仲間同士で選んだ絵本の魅力を語り合おう。
STEP ③　仲間同士で保育者役と子ども役に分かれて絵本の読み聞かせをしよう。
STEP ④　絵本の読み聞かせの感想などを仲間同士で話し合ってみよう。

紙芝居

紙芝居の基本

紙芝居の魅力

　紙芝居は絵本と似たようなものだと思われがちですが、実はまったく異なるものです。絵本は"本"なので読むものですが、**紙芝居は"芝居"なので演じるもの**です。紙芝居の特徴を知るために絵本との違いを見てみましょう。

　紙芝居は絵本のようにめくるのではなく、大きな画面を抜いて進められていきます。抜くときにはお話に合わせて、ゆっくり抜いたり、素早く抜いたり、ときには揺らしながら抜いたりすることにより画面に動きが出て、臨場感あるお話の世界を**一緒に見ている仲間とともに共有しながら楽しめるところが紙芝居の魅力**といえるでしょう。紙芝居を演じるときは、このような紙芝居の魅力を最大限引き出すことがポイントです。

　紙芝居に興味をもったらぜひ手に取ってみましょう。紙芝居は、学校（大学・短大・専門学校）の図書館や地域の図書館の児童書コーナーに行くとたくさん置いてあります。自由に見ることも借りることもできるので、図書館に足を運んで紙芝居を手に取ってみましょう。

紙芝居の特徴 ～絵本との違い～

	紙芝居 （紙芝居は「芝居」で、演じるもの）	絵本 （絵本は「本」で、読むもの）
構成	・画面の表が絵、裏が脚本で構成される ・画面が1枚1枚別々に存在する	・一画面が絵と文字で構成される ・綴じられている
絵	・離れたところからも見えるように、絵は大きく、輪郭もはっきりしている	・細かな絵の描写がある
進行	・画面を抜き、抜いた画面を差し込むことで進行する	・本のページをめくることで進行する
対象	・演じ手と観客が必要 ・大人数で見ることが基本	・一人でも読める ・読み聞かせをする場合、一対一・少人数で見ることが基本 ※保育現場では集団で見ることもある
楽しみ方	・演じ手と観客、観客同士が一緒に作品の世界を楽しみ、共感が生まれる	・一人一人が作品の中に没入し、絵本の世界を楽しむ

紙芝居を演じる前に

紙芝居は、その場ですぐに演じられるものではありません。演じる前に準備しておくべきことを確認しましょう。

> ① 下読みをして、登場人物の設定や、お話の起承転結、全体構成をよくつかんでおく。
> ② 裏面にある演出ノートに書かれている演じ方や抜き方を確認する。
> ③ 以下の演じるときのポイントに気をつけながら練習する。

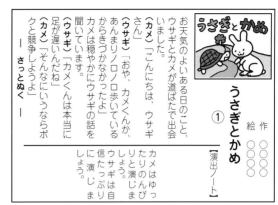

<紙芝居の裏面の例>

演じるときのポイント

・紙芝居を手にもって演じる場合、演じ手は紙芝居の右側（観客から見ると左側）に立って、紙芝居の裏面ばかりを見るのではなく、子どもたちの反応を確認しながら演じる。
・抜く方向は、演じ手の左側から右へと抜く。演出ノートにあるさまざまな"抜き方"を工夫して演じる。
・心を込めて登場人物の気持ちを表現する。
・子どもの息づかいにも留意しながら、テンポや間のとり方を工夫して演じる。

紙芝居の舞台

紙芝居は"芝居"なので舞台があります。舞台を使うことで、空間が仕切られ、作品への集中力が高まります。舞台があることで紙芝居を抜くときもぐらつかずに安定します。何より、舞台の扉が開くとき、子どもたちの中に紙芝居の世界が飛び出してワクワクとした気持ちを高めていくことができるでしょう。扉は左右1枚ずつゆっくりと開くようにしましょう。

紙芝居の舞台にはさまざまなものがあります。舞台の扉は「幕」のような役割があるのでできれば扉のある舞台がよいですが、扉のない舞台の場合には紙芝居の表紙の前に1枚幕の代わりになる紙を用意することもできます。紙は白いままではなく幕をイメージして色や模様があるものがよいでしょう。

舞台がなくても楽しむことはできますが、手で紙芝居をもって演じるときには、画面がぐらつかないように左手で紙芝居の下の部分をしっかりもつこと、もち手はできるだけ画面を覆い隠すことがないように留意することが必要です。舞台のない園も少なくありませんが、手づくり舞台を用意することもできます（次頁 column 参照）。

紙芝居の種類

紙芝居と一言でいっても、紙芝居には実にさまざまなものがあることも知っておきたいものです。保育の現場でよく活用されている紙芝居を紹介します。

保育の現場で活用されるさまざまな紙芝居

種　類	具体的な内容
お話を楽しむ紙芝居	語り継がれてきた民話や昔話、世界の名作、日本の児童文学、創作のお話等を楽しむ紙芝居 子どもたちはお話の世界をじっくりと楽しむ
子どもが参加できる紙芝居	子どもが参加することで成り立つ紙芝居 演じ手の呼びかけに子どもが応じて話を進めていく みんなで一緒にかけ声や動きを合わせて楽しむものも多い
赤ちゃん対象の紙芝居	０歳から２歳児の小さな子どもが楽しめる紙芝居 低年齢児の発達や興味に合った題材で枚数も少ないものが多い
行事に関する紙芝居	節分や七夕等、日本の年中行事をはじめ、園で行われる行事を取り扱った紙芝居 行事の由来を知ったり、行事に関心をもったりすることができる
生活習慣・安全教育に関する紙芝居	食事や排泄、手洗い・うがいなどの健康的な生活を送るための生活習慣をわかりやすくお話にした紙芝居 地震や火事等の災害、交通安全に関する教育に活用できる紙芝居
その他	動植物や自然事象等、自然や科学を取り扱った紙芝居、道徳的な内容を取り扱った紙芝居などもある

column　段ボール舞台のつくり方

舞台は紙芝居の楽しさをより引き出してくれるものですが、どこにでもあるとは限りません。買うと高価ですが、段ボールを使って紙芝居の舞台をつくることもできます。

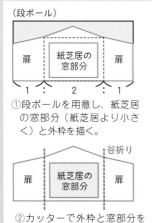

（段ボール）

| 扉 | 紙芝居の窓部分 | 扉 |

1 : 2 : 1

①段ボールを用意し、紙芝居の窓部分（紙芝居より小さく）と外枠を描く。

谷折り

| 扉 | 紙芝居の窓部分 | 扉 |

②カッターで外枠と窓部分を切り取り、扉の部分を折る。

③裏側に紙芝居を入れる部分をつくる。別の段ボールに、表側と同じ大きさの窓部分を描き、その上下に紙芝居を入れる部分と舞台に貼る部分を描く。

④外枠と窓部分を切り、折って舞台裏側にボンド等で貼る。実際に紙芝居を入れてみて、絵が中心にきていなければ、段ボールの切れ端などで調整する。

扉裏

（段ボール）

山折り

紙芝居を入れる部分（3〜5cm）

紙芝居の窓部分

舞台裏側に貼る部分

少し切り抜いておくと紙芝居を抜き差ししやすい。

⑤色を塗ったり、絵を描いたりして、子どもたちが楽しめる舞台をつくってみよう。

発達に応じた保育実践のポイント

　紙芝居は集団で楽しむようにできています。しかし、集団での生活や活動がまだむずかしい０、１、２歳児でも、発達に合った内容の紙芝居を選び、工夫や配慮があれば紙芝居を楽しむことができます。いずれの年齢においても、紙芝居は保育者と子どもとが向き合いコミュニケーションをとりながら進めていく楽しさや、友達と一緒に見る楽しさがあり、紙芝居の世界をみんなで共有するところが魅力です。それぞれの発達に応じた実践を心がけ、どの年齢の子どもとも紙芝居を楽しんでみてほしいと思います。

乳児　保育実践のポイント

- ✓ **紙芝居**：８枚程度の少ない枚数で構成されたもので、動物や食べ物、乗り物など乳児にとって身近で興味ある内容のものを選ぶ。子どもの興味をとらえて保育者が手づくりの紙芝居を用意することもよい。

- ✓ **環　境**：保育者も床に座り、子どもが床に座って見やすい高さで紙芝居をもって演じる。子どもがじっくり楽しめるようにおもちゃ棚などが見えない場所を選ぶ。他の保育者も一緒に紙芝居を楽しむと子どもは安心して見ることができる。

- ✓ **実習生**：一人一人が自分の興味・関心に合わせて遊ぶ年齢なので、無理に子どもを集めるのではなく、興味をもって自然に集まってきた子どもたちにやさしく語りかけるように演じる。

１歳以上３歳未満児　保育実践のポイント

- ✓ **紙芝居**：８枚から12枚程度の比較的短い時間で楽しめるものを選ぶ。保育者とのやりとりを通して参加して楽しめるものを好んでよく見る。

- ✓ **環　境**：保育者は壁を背にして、紙芝居に集中できる環境を用意する。子どもがゆったりと座れるスペースを確保し、子ども同士がぶつかり合ったり、紙芝居が見えなくならないように配慮する。

- ✓ **実習生**：紙芝居の内容を事前によく確認し、紙芝居の世界を子どもと一緒に楽しみながら演じる。参加型の紙芝居では子どもとのやりとりを大切にしながら進める。

３歳以上児　保育実践のポイント

- ✓ **紙芝居**：12枚から16枚程度の紙芝居が楽しめるようになる。子どもも参加して楽しめる紙芝居やお話の世界をじっくりと楽しむ紙芝居を好む。

- ✓ **環　境**：クラスの人数も多くなり、クラスの仲間と大人数で紙芝居を楽しむようになるので、全員が紙芝居を見ることができるよう紙芝居と子どもの距離・高さを考えて場を設定する。

- ✓ **実習生**：紙芝居のお話の世界を楽しむことができるよう、脚本に示された効果的な演じ方を事前によく練習しておく。一緒に見ている子ども同士が共感しながら楽しむ姿を大切に進める。

紙芝居を楽しもう

実践例　参加して楽しむ紙芝居　　　　遊び　活動　集まり

　紙芝居には、演じ手と子どもたちとでやりとりしながら、子どもたちも紙芝居の進行に参加しながら楽しめるものがたくさんあります。

作品例

『ごきげんのわるいコックさん』
まついのりこ　脚本・絵、童心社、1985

　ご機嫌の悪いコックさんに「ごきげんなおしてよ」といいながら画面を抜くと、いろいろな抜き方でコックさんの表情も変わっていく楽しい紙芝居です。最後にはうしろを向いてしまったコックさんに、みんなで「コックさーんこっち向いて」と声を合わせて呼びかけます。コックさんはにこにこ笑顔になって現れ、最後にキャンディーをみんなで食べて楽しみます。

環境構成
保育者と子ども、子ども同士が一体感を感じられるような配慮・雰囲気を大切にしましょう。

POINT
・子ども一人一人の目を見て語りかけるようにし、子どもたちの様子を見ながら呼吸を合わせて進めていこう。
・みんなで一緒にかけ声をかけるときには、脚本に示してある通り、かける言葉を明確に伝え、かけ声のタイミングを子どもに合わせよう。
・みんなで参加する楽しさが感じられるように演じよう。

実践例　乳児と楽しむ紙芝居　　　　遊び　活動　集まり

　乳児と紙芝居を楽しむには、乳児にとって身近で楽しめる題材を扱った簡単な紙芝居を選ぶとよいでしょう。簡単な繰り返しのお話や、やりとりができる紙芝居が大好きです。生活の中でゆったりとした時間に子どもと保育者とで楽しみます。

作品例

『ワン ワン ワン』
とよたかずひこ　脚本・絵、童心社、2006

　いぬ・ねこ・ぶたなど、かわいい動物が鳴き声とともに登場します。「おくちはどーこ？」などとたずねながら、口や鼻、目などを確認していく繰り返しのお話です。最後は、赤ちゃんとお母さんが登場してスキンシップを楽しむ場面でおわります。

環境構成
ゆったりとした雰囲気の中で紙芝居を演じます。

POINT
・やさしくゆったりと語りかけるように演じよう。
・乳児の場合には、身振りや一語文などを入れて演じ、子どもの様子をていねいにとらえ、応答的に紙芝居を進めていこう。
・好きな場面などは、繰り返し演じることを求められることもあるので、子どもの要求に応じて楽しんで演じていこう。

実践例　お話を楽しむ紙芝居　　　　　　　　　　　遊び　活動　集まり

紙芝居を演じ、お話の世界を子どもたちと楽しみましょう。

事前準備　園に紙芝居の舞台があるか、貸していただけるかを事前に確認しましょう。舞台を使用する場合には舞台に入れて紙芝居を演じる練習をしておきましょう。

環境構成　保育室のどの場所が一番落ち着くのか、紙芝居を演じるとき、保育者はどのように環境をつくっているのかを事前によく観察しておきます。

子ども全員が紙芝居を見える位置に座れるようにします。人数が多い場合は、前の子どもは床に、うしろの子どもは椅子に座るなどするとよいでしょう。

紙芝居のうしろが窓だと外が見えて集中しづらくなります。壁や余計なものがない場所を選びましょう。

紙芝居の舞台を置く台を用意します。台の下は黒い布等でおおうとよいでしょう。

POINT
- 舞台があるときには、舞台の扉を1枚ずつゆっくりと開いてお話のはじまりを知らせよう。
- 声の強弱や、高低、間のとり方など表現を工夫しよう。
- 登場人物のセリフはその役の気持ちになって演じよう。
- おわったあとの余韻も大切に静かに舞台の扉を閉じるようにしよう。

実践例　手づくり紙芝居　　　　　　　　　　　遊び　活動　集まり

手づくり紙芝居も実習でチャレンジしてみましょう。実際の子どもの興味・関心や発達、保育の状況に合わせてつくることができるので、既製の紙芝居にはない特別の魅力があります。

例1　歌を紙芝居に！「とんでったばなな♪」
子どもたちと楽しみたい歌を紙芝居にしてもよいでしょう。

とんでった バナナ

例2　お話を創作して
子どもたちの発想に驚かされることは多いものです。実習を重ねていく中で、子どものおもしろい想像の世界に出合ったら、お話にして紙芝居にしてもよいでしょう。

POINT
- 子どもの姿を思い浮かべながら、子どもたちと楽しみたい紙芝居を作成しよう。
- 演じ手の左から右に抜くことを意識して絵を効果的に描くようにしよう。

Let's try　　紙芝居を演じてみよう

子どもの年齢を想定し、紙芝居を図書館で借りてみよう。子ども役、保育者役に分かれて紙芝居を演じ、以下のことを仲間と話し合ってみよう。

STEP ①　子どもの気持ちになってどんなところが楽しかったかを話し合ってみよう。

STEP ②　紙芝居を演じる環境構成は適切だったか、話し合ってみよう。

STEP ③　それぞれの演じ方のよかった点、改善点を子どもの視点から仲間と話し合ってみよう。

3 お話

お話の基本

お話とは

お話は、**語り手が道具を使わずに自分の声や表情だけで、子どもたちに物語を語ること**をいいます。昔から受け継がれている児童文化財の一つであり、「ストーリーテリング」「素話」「語り」などとも呼ばれています。お話の一番の魅力は、語り手が集団の子どもを対象にして物語を語る中で、聞き手となる子ども一人一人は自由に自分だけのお話のイメージを広げて楽しむことができるということです。子どもそれぞれが楽しむ世界は、どれも邪魔されることなく、その子どもだけが描くすばらしいお話の世界を広げることができます。また、何も準備物を必要としないため、語り手さえいればいつでもどこでも楽しむことができることも大きな魅力といえるでしょう。

お話は、語り手が話を覚えることが大前提であるため、実習生には容易なものではないかもしれません。数週間の短い実習期間の中で一つのお話に挑戦しようと思うと、長い時間をかけて覚えるだけでなく、話の世界を大切にしながら語り方を工夫して身につけていく必要もあります。しかし、子どもたちは、お話が大好きです。実習生が一生懸命覚えてきて子どもたちのために語るお話に静かに耳を傾け、子どもそれぞれの話のイメージの世界を広げて楽しんでいる姿を目の前で見たり、その様子を保育者に実際に見てもらいさらなる助言をいただくことは、保育者になるための有意義な学びにつながっていくことでしょう。失敗を恐れずに**子どもたちとともにお話を楽しむ気持ちで挑戦してみましょう**。

子どもがリラックスして聞くことを大切に

子どもがお話を楽しむためには、**落ち着いた静かな雰囲気の中で子どもがリラックスして聞く雰囲気を大切**にします。保育者が、子ども全員に座り方を教えて、みんなが同じ姿勢で座り静かにするように伝えていくのではなく、お話に期待をもって自ら静かにできるように導入をし、お話をする場は床にじゅうたんやマットなどを敷いて、上履きなども脱いで子どもがそれぞれにお話を聞きやすいリラックスできる姿勢を尊重していきましょう。それが、お話そのものを楽しむことにつながっていきます。

お話の種類

　お話の時間は、低年齢児にする時間が短いものから、3歳以上の子どもたちがじっくり聞く長いものまでさまざまです。また、お話の内容もオノマトペなど言葉のおもしろさを感じられるもの、繰り返しのある簡単なストーリーのあるもの、日本や世界の昔話などたくさんありますし、保育者が自由につくってお話をすることもあります。

　子どもの発達や興味・関心に合わせることはもちろんのこと、お話をする場面なども考慮していきながら選択しましょう。

●オノマトペを楽しむお話

・「だるまさんシリーズ」：1〜2歳児に人気のお話の一つで、保育者がする動作を子どもがまねしながらオノマトペが楽しめます。

・「がちゃがちゃどんどん」：身近に聞こえてくる音を楽しめるお話です。保育者がイメージしながら表情を使ってお話をすると、子どももイメージを広げて楽しみます。

●繰り返しを楽しむお話

・「三匹のこぶた」：定番の子どもが大好きなお話です。こぶたたちとオオカミとのやりとりをていねいに語ることで、お話の世界が広がっていきます。

・「三匹のヤギのがらがらどん」：小さい・中くらい・大きいといったヤギの大きさを声で表現しながら語り、大きいヤギがあっという間にトロルをやっつけるおもしろさが魅力のお話です。

●保育者がつくる話

　子どもが大好きなお話の登場人物を保育者や子どもの名前にしてお話をすると、子どもは身近な登場人物でとてもうれしそうに聞きます。また、今日遊んだことをお話にして語っていくなどすると、自分の経験したことなのでイメージしやすく、思い出しながら楽しく聞く姿が見られます。

●日本の昔話

・「かさじぞう」：有名な日本の昔話で、貧しくとも心の清い老夫婦が、路傍の石地蔵に菅笠を被せて、その恩返しを受けるというお話です。雪が降る静けさも感じられる冬ならではの昔話です。

・「ごんぎつね」：有名な児童文学の一つです。兵十が病気の母親のためにとったウナギを、いたずら心からついとってしまった"ごん"というキツネのお話です。ごんの気持ちになって語るとお話の世界に引き込まれます。

・「おむすびころりん」：おじいさんがおむすびを穴に落としたことではじまる昔話です。「おむすびころりんすっとんとん」のフレーズがおなじみの日本昔話の一つで、心地よいリズムを心穏やかに楽しむことができます。

●世界のお話

・「おだんごぱん」：ロシアの昔話の一つです。「おばあさんが粉箱をごしごしひっかき集めた粉で、おだんごぱんを焼きました。しかし、おだんごぱんは、ころんと転がり逃げ出しました。ウサギやオオカミ、クマに出会いながらも上手に逃げたのに、口のうまいキツネには……」と、動物とのやりとりがおもしろいお話です。

・「おいしいおかゆ」：グリム童話の一つです。貧しい暮らしをしていた女の子とお母さんが、魔法の鍋を手にしたことで、町中に大きな騒動を起こすことになるお話です。

発達に応じた保育実践のポイント

　お話は、道具など視覚的効果を楽しむものでなく、安心できる保育者の姿を見つつ聴覚を使って、自分でイメージの世界を広げて楽しむことを基本とします。そのため、言葉を理解したり象徴機能の発達がなされるおおよそ2歳前後から楽しめるようになります。しかし、0・1歳児でも、安心できる保育者に目を合わせてあやされたり、スキンシップを心地よく感じながらリズミカルに語りかけられることを喜びます。お話を楽しむ第一歩として大切に経験を積み重ねていきましょう。

乳児　保育実践のポイント

- **語りかけ**：安心できる保育者が抱っこをしたり、目を合わせながらやさしくあやしたり、話しかけたりする言葉をよく聞いている。機嫌のよいときに一対一でスキンシップをとりながら語りかけたり、わらべうたやオノマトペを上手に使って楽しんだりするとよい。

- **環　境**：乳児にとって安心できる保育者がそばにいることが何より大切な環境となる。また、保育室や戸外など、心地よい環境を整えることも心がける。

- **実習生**：子どもが人見知りする場合もあるので、無理なく心地よい人的環境となりながら、安心する表情になったときは、抱っこしたり手を握ったりするなどしながら語りかけていく。

1歳以上3歳未満児　保育実践のポイント

- **お　話**：短いお話には、興味・関心をもつようになる。1歳のころは、お気に入りの絵本をお話で聞かせるなどすると喜ぶ。2歳くらいになると、短いながらも少しずつ繰り返しのある簡単なストーリーを楽しむようになる。

- **環　境**：集団よりは、一対一あるいは数人の子どもを対象にして楽しんでいく。特に、布団に横になり落ち着いた雰囲気になる午睡の時間に、安心できる保育者がお話をすることを楽しみにする姿が見られるようになってくる。

- **実習生**：自由遊びや午睡の時間などの場面で、一対一あるいは数人の子どもにお話をしてみよう。子ども一人一人に目を合わせてやさしく語りかけるように、リズミカルな言葉なども楽しめるように、発音をわかりやすく話すことを心がける。

3歳以上児　保育実践のポイント

- **お　話**：お話に期待をもって楽しめるようになる。簡単なストーリーのある話から昔話のようなある程度長い話まで楽しむことができる。登場人物が増えても理解ができるようになる。

- **環　境**：ゆったりとしたスペースを用意して、子どもは自由な姿勢でリラックスして聞けるようにする。保育者のうしろを壁にして、子どもがお話に集中できるようにしよう。

- **実習生**：子どもに心地よく聞こえる音量で、発音はわかりやすく語りかける。表情や仕草なども豊かにしていく。お話が長くなるので、しっかり覚えて滑らかに話せるようにする。

お話を楽しもう

実践例 みんなで楽しむお話　　　　　　　　　　遊び　活動　集まり

お話会

　子どもが、午前中の活動時間にお話を楽しむときには、保育者が話者になって数分から 10 分程度の長さで楽しみます。また、話者となる人が来園して、子どもの年齢に応じて 10 〜 20 分前後の長さでいくつかのお話を語る「お話会」も行われています。お話を行う際には、何より子ども一人一人がお話の世界を十分に楽しめるように語り手の準備と環境づくりを整えていく必要があります。

事前準備

・お話を覚えて自然に語れるようにすることが大切です。また、忘れてしまうこともあるので、そばにお話の本を置いておきましょう。

環境構成

・保育者が座る場所の背景は、壁にしたり、窓があるならばカーテンを閉めるなどして、子どもがお話に集中できるようにします。
・床にはマットやじゅうたんなどを敷いて、心地よい場所にします。
・保育者と子どもの距離は、語りをしている声が十分に聞くことのできる適切な距離を確認します。

実践

・子どもの目線に合わせて座り、移動することは避けて、落ち着いた雰囲気を大切にします。
・お話の雰囲気を大切にするため、言葉の発音ははっきりと、聞こえやすい音量を心がけます。
・動作はオーバーにせず、語っていくことを大切にします。
・子どもと目を合わせたり、子どもの様子を肯定的に受け止めながら語るようにします。

展開

・0 歳児は、お話の入り口として、機嫌のよいときに、安心できる保育者に抱っこしてもらい、一対一あるいは数人で、スキンシップをとりながらわらべうたやオノマトペのある語りを楽しみます。
・子どもの年齢や集中できる時間を考慮して、話の内容や長さや数などを調整します。

・静かな雰囲気の中でも、子どもが無理なく参加できるような場面をつくるのもよいでしょう。

POINT

・あらかじめ保育者がお話をするときの場面を観察しよう。
・一人一人の子どもの特性を把握しておこう。
・無理せず、自分が興味のあるお話、短いお話から挑戦しよう。

実践例 午睡の前や布団に横になって楽しむお話 ─────────── 午睡

　午睡に入る前に静かな気持ちでお話を楽しむことは、お話に満足して心が落ち着いた状態で、滑らかに午睡に移行していくことにつながります。また、布団に入ってもなかなか入眠できない子どもには、布団に入りながら保育者のお話を聞くことも、心地よく楽しみある時間となります。

お話の選択

・そのときの季節を考慮して選択したり、子どもがホッとするような心落ち着く話を選択したりすると、心地よく楽しめるようになります。
・お化けの話などは、過度に不安になる子どももいるので、事前に保育者に確認しましょう。
・園行事などに合わせて話を選択すると、次への活動のイメージにもつながっていきます。

お話の様子

> 静かにやさしく語りかけましょう。

POINT

・滑らかに午睡へ移行できるように配慮しよう。
・子どもたちが生活の区切りとして午睡へ気持ちを向けられるようにしよう。
・読みおわったあとは、子どもたちあるいは一人一人に穏やかな声で「おやすみなさい」とあいさつするなどしよう。

実践例 低年齢児へのお話 ─────────── 遊び 活動 導入 集まり

　お話を理解してお話のイメージの世界を膨らませて楽しめるようになるのは、一般的には2歳児クラス後半（3歳前後）くらいですが、低年齢児でも、大好きな保育者の語りかけるようなわらべうたやスキンシップ遊び、オノマトペを取り入れた簡単なお話を楽しむ姿は見られます。子どもの様子に合わせて柔軟に語りかけて、心地よくお話を聞く経験を大切にします。

お話の選択

・発達が著しい時期だからこそ、子どもの発達状況をよりていねいに確認しましょう。知っている動物、食べ物、虫など、身近な題材のお話はとても楽しいものとなります。

お話遊び

> 一緒にリズムをとってみましょう。

> おもちは～ペッたんぺったん、ぺったんこ～！

オノマトペが楽しめるお話（絵本）の一例

・『まり』谷川俊太郎作、広瀬弦絵、クレヨンハウス、2002
・『じゃあじゃあびりびり』まついのりこ、偕成社、1983
・『ぴょーん』まつおかたつひで、ポプラ社、2000

POINT

・安心できる実習生の言葉やスキンシップを心地よいと感じられるようにしよう。
・短時間ながらも楽しいお話タイムを大切にしよう。
・「大きい・小さい」「長い・短い」などの対義語は子どもがイメージしやすいためうまく取り入れ工夫して語ろう。

　要支援の子どもや利用者などは、保育者の語りかけのみでお話をある程度の時間じっくり耳を傾けて聞くということは、なかなかむずかしいかもしれません。ただ、お話を子どもや利用者の支援状況に合わせて工夫していくことで、その子どもや利用者なりにお話を楽しむことは可能です。実習生として挑戦していってほしいと思います。

お話の選択

・簡単なストーリーで、時間も短いもの。
・オノマトペを上手に使ったり、保育者自身も動作を入れるなど諸感覚で楽しめるもの。
・子どもや利用者が体験したこととつながるもの。

保育者の工夫

・子どもや利用者の様子によっては切り上げたり、延ばせるよう柔軟な姿勢をもちましょう。
・発音はわかりやすく、やさしい語りかけを大切にしましょう。
・表情や手振りなども交えて、雰囲気を大切にします。

POINT

・みんなが一緒に楽しいというよりは、一人一人の子どもや利用者がお話の中の部分的なおもしろさを感じることを大切にしよう。
・子どもや利用者の興味・関心に合わせて、お話の語りを工夫しよう。

column　豊かに言葉を使って表現できる子どもになるために

　保育者は、誰でも「豊かに言葉を使って表現できる子どもになってほしい」と願っています。よって、具体的に保育者がどのようにかかわることで、そのような子どもに育つのかを考える必要があるでしょう。それは、何より子どものそばにいる保育者がポジティブに豊かに言葉を使っていくことが重要になります。「あの雲はフワフワ、気持ちよさそう！」「今日も元気もりもりだね！　たくさん遊ぼう！」など、聞いていて心地よいバリエーションのある言葉を使っていきましょう。その細やかなニュアンスのある言葉が、子どもの心を豊かにし、豊かな言葉を生み出すことへとつながっていくとともに、言葉のおもしろさを感じたり共感する心を育んでいきます。

Let's try　好きなお話の魅力を仲間同士で語り合おう

自分が楽しいと感じるとともに、保育実践でできそうなお話を選んで、そのお話の魅力について語り合おう。

STEP ①　図書館などで好きなお話を探してみよう（3つ程度）。
STEP ②　選んだお話の魅力をA4サイズの用紙にわかりやすく整理しよう。
STEP ③　仲間同士でまとめた用紙を見ながら、お話の魅力を語り合おう。

Part 2　活動・遊びを実践してみよう

手遊び

手遊びの基本

　手遊びは、児童文化財の一つで、手や指をさまざまに動かすことでイメージを膨らませて楽しむ遊びです。特別に必要な準備物はなく、歌（歌詞や言葉）や音、リズムに合わせて手や指を動かして遊ぶことができるよさがあり、保育現場で親しまれています。どこでもどのようなときでもすぐに行うことができるため、散歩先や戸外遊びの場面など、子どもが体験している内容に関連して、その場で楽しめます。心が動いてうたい出したくなったとき、子どもたちとともに自然と手遊びができると、とても豊かな経験になります。

　覚えていれば簡単に手軽に楽しめる手遊びですが、活動の前や絵本の前に「静かにさせる」という意味合いで使うことは、子どもにとってよりよい遊びとはいえません。子どもが楽しめる遊びの一つとして手遊びを導入に使うことはあるでしょう。手遊びは児童文化財の一つですので、**手遊びそのものの楽しさを味わえるように保育を構成**できるとよいでしょう。

手遊びをするときの留意点

　子どもの前で手遊びをすると、とても関心をもって集中して見てくれます。手の動きとともに歌や音、リズムにも興味をもちます。保育者の動きを見逃さないようにじっくり見て聞いて、さまざまな感覚を存分に使い、自分でやってみようと口ずさみ手を動かしながら親しむ姿が見られると思いますので、**手や指の動きと歌や音、リズムなどを合わせてスムーズに行えるように練習しておく**とよいでしょう。

　子どもの前でいきなり手や指を動かしながらうたうことは、はじめは緊張してしまい早口になったり、もごもごとこもったような小さい声になることもあると思います。子どもたちが聞き取りやすいように、**ゆっくりはっきりと聞こえる音量でうたいながら**、**笑顔を心がけ「一緒に楽しむ」気持ちで温かい雰囲気で**、**手遊びをしてみましょう**。子どもたちに実習生の「楽しませたい」という気持ちはしっかりと伝わると思いますので、自信をもって堂々と行ってみてください。手遊びをするときには、子どもたち全員に見える位置で行うように留意しましょう。

　また、練習していた手遊びをすでに実習先の子どもたちが知っている場合もあります。歌は同じでもリズムや動きが異なることもあります。その場合は、すでに知っている歌やリズム、動きに合わせることで、子どもたちが混乱しないように配慮しましょう。

手遊びの種類

手遊びの種類は豊富にあります。低年齢児も楽しめるスキンシップのある手遊びや年齢の高い子どもが好きなストーリーを楽しむ手遊びなど、子どもの発達や興味・関心に合わせて手遊びの実践を考えられるよう紹介していきます。また、代表的な手遊び「グーチョキパーでなにつくろう」を掲載していますので、実践してみましょう。

●歌に合わせて楽しむ手遊び
- 「せんべせんべ」：手のひらと甲をひっくり返しスキンシップを取りながら遊びます。
- 「げんこつやまのたぬきさん」：昔から伝わる手遊びで、いろいろな手の動きがあり、たぬきの赤ちゃんの一日が歌詞になっています。抱っこやおんぶしながらうたっても楽しめます。

●リズムを楽しむ手遊び
- 「ちょきちょきダンス」：リズムよく明るい調子の手遊びです。「ラララみぎて」「ラララひだりて」と歌に合わせて手を右手・左手と見せてチョキを出して左右に揺らします。
- 「いわしのひらき」：「ズンズンチャッチャッ」とリズムよく展開していく手遊びです。

●ストーリーを楽しむ手遊び
- 「5つのメロンパン」：パン屋に並ぶメロンパンを子どもたちが買いに行って食べるというストーリーを楽しめます。
- 「おべんとうばこのうた」：指を食材に見立てて、お弁当をつくっていく手遊びで、遠足などお弁当の日にぴったりです。

●季節感を楽しむ手遊び
- 「キャベツの中から」：キャベツの中からニョキっと顔を出す青虫を表現し、最後にはちょうちょうの動きをする手遊びです。
- 「おにのパンツ」：軽快なリズムで子どももリズムをとりやすく、人差し指を頭の上にのせて鬼を表します。節分にぴったりです。

♪グーチョキパーでなにつくろう

①

♪グーチョキパーで グーチョキパーで
グーチョキパーを交互につくる

②

♪なにつくろう なにつくろう
左右交互に繰り返す

③

♪みぎてはグーで
ひだりてはチョキで

④

♪かたつむり〜かたつむり〜

music グーチョキパーでなにつくろう

作詞：不詳・作曲：フランス民謡

グーチョキ パーで　グーチョキ パーで　なに つくろ う　なに つくろ う

みぎては グーで　ひだりては チョキで　か た つむ り　か た つむ り
　　　　グーで　　　　　パーで　ヘリコプター　ヘリコプター
　　　　チョキで　　　　チョキで　か に さんよ　か に さんよ

Part 2 活動・遊びを実践してみよう

発達に応じた保育実践のポイント

　身近で気軽にできる手遊びだからこそ、子どもたちの発達に応じた手遊びを選んで実践しましょう。基本的に手遊びをするときは歌や音、リズム、手の動きを覚えて練習しておきましょう。手遊びが子どもに見えるように保育者が見やすい位置にいることや、声が届くようにはっきりとうたうことも心がけておきましょう。大声でうたい無理に注目してもらうのではなく、子どもたちが興味・関心をもち、「何しているんだろう？　やってみたい」と思うように、楽しい雰囲気の中、笑顔で手遊びをはじめると自然と子どもたちが集まってきます。

乳児　保育実践のポイント

- **手遊び**：短く、簡単な動作や歌の繰り返しが楽しめる遊びを選ぶ。

- **環　境**：乳児の月齢によって異なるが、視力は30㎝離れたところが見えるくらいの子どももいる。手や指の動きをじっくりと目で追えるように、一人一人と向き合いゆっくりと手を動かしうたえる環境を用意する。

- **実習生**：乳児と一緒に楽しむ心もちであせらず、自分が思っている以上にゆっくり進め、乳児と目線を合わせてうたうことを心がける。

1歳以上3歳未満児　保育実践のポイント

- **手遊び**：少しずつ言葉の意味を理解してくるため、知っている単語や子どもの名前などを歌に取り入れ、手遊びのアレンジができる歌を用意する。

- **環　境**：手遊びの言葉にも関心が出てくる時期であることから、言葉がはっきりと聞き取れるようにうたう。また、手遊びをしているときに他の音と重なって聞こえづらくなる場所は避け、手遊びに集中して楽しめるようにする。

- **実習生**：手遊びをしているとき、実習生の背中側に子どもが来ることもあるため、子どもが死角に入ってしまわないように、手遊びをする場所を考えて選別する。

3歳以上児　保育実践のポイント

- **手遊び**：長い手遊びや複雑な動きの手遊びを好むため、子どもが最近知った言葉をアレンジして一緒に手遊びをつくったりすることもある。何度も繰り返し楽しんだものは飽きることもあるため、手遊びの速さや音量、動きの強弱をつけるなど、楽しめるように工夫する。

- **環　境**：集中して楽しめる環境を整える。

- **実習生**：子どもたちの参加したい気持ちを尊重しながら、一緒に楽しめるようにはっきりとした声で手遊びをする。一つの手遊びを、複雑なルールにしたり簡単にしたりと、子どもの好みに合わせられるようにアレンジを考えておく。

手遊びを楽しもう

やきいもグーチーパー

　遊びの中で自然物に触れ食物を育て、育てたものを食べるなどの目的で、さつまいもを育てて収穫する園も多くあります。園で育てた野菜に興味をもち、育て、収穫し、調理し、食べるといった一連の流れは、長期にわたった計画です。子どもにとって目の前にあるさつまいもがどのような形や味なのかは体験するまでわかりませんが、関心をもつには、この手遊びはうってつけです。さつまいもに関する絵本も多くありますので、一緒にさつまいも掘りや焼きいもをつくるときの導入として活用するとよいでしょう。

中川ひろたか文、村上康成絵『さつまのおいも』童心社、1995

展 開

・行事：「さつまいも掘り」。そのあとに絵を描いたりするときも絵本と手遊びで楽しみましょう。
・クッキング：「焼きいも」や「スイートポテト」をつくってみましょう。
・じゃんけん：グーチーム、チョキチーム、パーチームに分かれてするじゃんけんです。じゃんけん大会に発展するというのもおもしろいでしょう。

♪やきいもグーチーパー

① ♪やきいもやきいも
グーでやきいもをつくる

② ♪おなかが
おなかに手を当てる

③ ♪グー
グーをつくる

④ ♪ほかほかほかほか あちちの
両手でほかほかのやきいもをもつように

⑤ ♪チー
チョキ（チー）をつくる

⑥ ♪たべたらなくなるなんにも
食べるように手を交互に口に運ぶ

⑦ ♪パー それ
パーをつくる

⑧ ♪やきいもまとめて
左右交互に手拍子する

⑨ ♪グーチーパー
最後にグーチー（チョキ）パーをつくる

 music やきいもグーチーパー

作詞：阪田寛夫・作曲：山本直純

やきいもやきいも　おなかがグー　　ほかほかほかほか　あちちのチー

たべたらなくなる　なんにもパーそれ　やきいもまとめて　　グーチーパー

🕐 POINT

・手の位置は胸より上で動かし、子どもが見やすいように手遊びをしよう。
・リズムや歌詞、音程を覚えよう。
・はっきり発音して手遊びをしよう。

実践例　親しみやすい動物が出てくる手遊び

パンダうさぎコアラ

　親しみやすい動物が出てくる手遊びです。また、歌詞に「おいで」という言葉が出てきて、その身振りと合わせてうたいます。乳児はさまざまな言葉に出合いますが、何度も繰り返し聞き、動作と関連してその意味を理解していきます。何度も言葉に出合うことで、歌詞の「おいで」の意味がわかり、離れていた場所から呼んだ人の近くに行くといったこともできるようになります。普段よく使う言葉の一つでもあると思いますので、繰り返し楽しみましょう。

展開

・子どもの名前を呼ぶ：「おいでおいで A ちゃん」と自分や友達の名前を呼ばれることで、より親しみのある手遊びに変身します。
・新しい動物：「おいでおいで○○」の「○○」の部分、動きだけで表現して何の動物か当ててもらうのもおもしろくなります。
・身近なもの：バナナの皮をむく動作、電車になりきる動作など、クイズにしてもおもしろいでしょう。

♪パンダうさぎコアラ

① ♪おいでおいでおいでおいで
両手で呼ぶように

② ♪パンダ（パンダ）
パンダの目の模様をつくる

③ ♪おいでおいでおいでおいで
両手で呼ぶように

④ ♪うさぎ（うさぎ）
うさぎの耳をつくる

⑤ ♪おいでおいでおいでおいで
両手で呼ぶように

⑥ ♪コアラ（コアラ）
木にしがみつくように

⑦ ♪パンダ、うさぎ、コアラ

music　パンダうさぎコアラ

作詞：高田ひろお・作曲：乾裕樹

おいでおいでおいでおいで　　パンダ　（パンダ）　　おいでおいでおいでおいで　うさぎ　（うさぎ）

おいでおいでおいでおいで　　コアラ　（コアラ）　　パンダ　　うさぎ　　コアラ　　（一部抜粋）

POINT

・動作は大きくやってみよう。
・子どもの目を見て、表情を確認しながら笑顔で行おう。

遊び　活動　導入　集まり

かみなりどんがやってきた

　１番から５番まである手遊び歌です。１番では「あたま」、２番では「あたま　おしり」、３番では「あたま　おしり　ひざ」、４番では「あたま　おしり　ひざ　ひじ」、５番では「あたま　おしり　ひざ　ひじ　くち」と隠す場所が積み重なって増えていきます。どうやって隠すか考えて、隠し方のセンスが問われる手遊びです。工夫のある隠し方をすると、子どもが一気に笑顔になります。

展開

・２人１組になってお互いの体の部位を隠してみましょう。

POINT

・隠す部位を伝えるときは大きくはっきり聞こえるような声でいおう。
・他児とぶつからないようスペースの広いところで行おう。
・子ども同士で行うときは、やさしい力で行うよう伝えよう。

column　「くさいくさいくさーい、っていうんです」

　保護者が書いてくれる連絡帳を保育者は楽しみにしています。家庭での子どものびのびした姿を知ることができ、保護者の視点のコメントもおもしろいものです。これまで見てきた連絡帳でよく見るものは「よく家でも園でしている手遊びや歌を披露してくれます！」というものです。家で手遊びを子どもがするときは、「あ、これ知っている」と気づいたときのようです。
　白菜が料理に出てきたとき、母親に「これは白菜だよ」といわれ、その子どもは「やさいのうた」の「はくさいは　くさいくさいくさーい」と手遊びをしたそうです。母親は「え！　いきなり？　においしないけど、どういうこと？」と思い、大笑いしたとのことでした。あとから手遊びだったと知り、おもしろかったと連絡帳に書かれていました。白菜というワードに手遊びを連想した子どももすてきですが、笑いとして受け止めたお母さんもすてきです。手遊びが親子のコミュニケーションにつながることもあると思うと、さらに保育に手遊びを取り入れたくなります。

Let's try　手遊びを覚えて、遊んでみよう

知っている手遊びのリズムをアレンジして歌詞をつけてオリジナルの手遊びをつくって仲間同士で披露してみよう。

STEP ①　「グーチョキパーでなにつくろう？」を題材にアレンジを考えてみよう。
STEP ②　仲間同士で発表し合おう。
STEP ③　アレンジを見て、どのようなところがよかったか、もっとこうするとよい等、感想を伝え合おう。

5 歌・歌遊び

歌・歌遊びの基本

歌・歌遊びとは

　歌は、自分の声を使い話す言葉を使って楽しむすてきな遊びです。乳児は、安心できる保育者のもとで自らの声を出すことそのものを楽しんだり、自分の気持ちの表出をします。そして、リズムに合わせて声を出したり体を動かすことを楽しむようになり、言葉を話すころには歌をうたうことを楽しむようになります。そして、3歳以上児になると友達と声を合わせて一緒にうたうことが楽しくなっていくのです。つまり、**歌は乳児のころから楽しみ親しんでいる遊びであり、発達状況に合わせて心地よく楽しく遊ぶことができる**といえるでしょう。

　その歌をうたうことを展開していく遊びとして、歌遊びがあります。保育者や子どもが歌をうたうことを楽しみながら、体を動かしたり、絵を描いたり、クイズやゲームをするなど、実にさまざまな遊び方があります。そして、保育者が目の前の子どもの様子に合わせたり、子どもの自由な発想を受け止めたりしながら、**歌詞や体の動きをアレンジして楽しめることも歌遊びの大きな魅力**となっています。

　歌・歌遊びは、十分に歌をうたうことを楽しめるようになったところで、場合によって伴奏楽器やリズム楽器を活用したり、遊びに合わせて心地よく体を動かすことでより楽しい遊びへと展開していきます。

一緒に楽しくうたうことを大切に

　保育における歌・歌遊びは、一人で楽しむことも大切ですが、やはり保育者や友達など**人とかかわり合いながら一緒に楽しむ経験**を大切にしたいものです。保育者は、目の前の子どもが聞き取りやすい声、わかりやすい発音を心がけてうたい、一緒にいる空間が心地よいと感じられるようにしていきます。子どもとのスキンシップをとりながらうたったり、子どもと目を合わせながら語りかけるようにうたう、うたいながら体を揺らしたり自由に体を動かすなども楽しい遊びとなります。そうすることで、子どもは自然に「一緒にうたいたい！」と思って、楽しくうたうことへの経験につながっていきます。

　実習生の立場だと、つい歌・歌遊びは子どもに教えるものとして位置づけたり、伴奏楽器に気がとられてしまいがちですが、この歌・歌遊びのそもそもの出発点を心に留めて遊んでいくようにしましょう。

歌・歌遊びの種類

　歌・歌遊びは、特別な準備物が基本的にはないので、いつでもどこでも楽しめることが大きな魅力です。また、この遊びの区分はあいまいで、手遊びとつながるものがあったり、ゲームとつながるものがあったりします。ここでは、代表的な歌・歌遊びについて紹介していきますが、子どもを中心にして柔軟に楽しく遊んでほしいと思います。

●あやし言葉（マザリング）

　愛情ある養育者が、乳児に「よしよし……」「そうなのね、はいはい」など語りかける言葉をあやし言葉といいます。安心できる保育者の言葉かけにホッとしたり、心地よく感じることから歌・歌遊びが出発します。

●唱歌・童謡・子どもの歌

　すべて、子どものためにつくられた歌ですが、時代によってつくられた思いというものは異なります。唱歌は明治初期から1941（昭和16）年までに学校教育用につくられた歌で、童謡は大正期以降に、唱歌よりももっと子どもの美しい空想や感情を育てる詩と歌を創作することを目的としてつくられました。現在、子どもの歌は、現代の子ども向けの歌も含めた総称となっています。

●わらべうた

　日本において、子どもが遊びながらうたう、子どもや大人が昔から伝えられうたい継がれてきた歌のことをいいます。口伝えであるために人や地方により、リズムや歌詞が変化します。わらべうたは歌と遊びを一緒に楽しむものもあり、絵描き歌、数え歌、手合わせ歌、触れ合い遊び歌などがあげられます。

●子守歌

　赤ちゃんや幼い子どもが眠るときやあやしたりするときにうたわれる歌のこと。昔は、子守をする子どもがいて、子守役の子どもの心情をうたったものも多いといわれています。今は、ゆったりと落ち着くような歌で、子どもが心地よく入眠するようにうたう歌となっています。

●遊び歌

　遊び歌は、歌やリズムに合わせて遊びを楽しむものであり、保育の場では集団で遊ぶことを楽しむものをいいます。一緒に体を動かすことを楽しんだり、ゲーム形式で楽しめたり、お話形式で楽しむものもあります。

発達に応じた保育実践のポイント

　歌・歌遊びは、月齢・年齢によって遊び方は異なりますが、歌をうたうこと、それを通して人とのかかわりを楽しむものであることはどの年齢も同じだといえます。実習生は、「うたわなければならない」ではなく、気持ちよく「思わずうたいたくなる」実践となるように保育に取り入れていきましょう。

乳児　保育実践のポイント

- **歌・歌遊び**：安心できる保育者の言葉かけを喜んだり、心地よい気持ちで声を出すことを大切にする。保育者の歌に合わせて、体を揺らしたり手を叩いたり、一部分を一緒にうたおうとする姿をていねいに受け止めていく。スキンシップを楽しみながら歌を楽しめるように援助する。

- **環　境**：乳児が機嫌のよいときに楽しむ。安心できる保育者が、落ち着いた雰囲気の中で、一対一あるいは数人で心地よく聞いたりうたったりできる環境を大切にする。

- **実習生**：子ども一人一人と目を合わせて、子どもの様子に合わせて心地よい速さや声の出し方・音量、動きや触れ合い方を工夫していく。

1歳以上3歳未満児　保育実践のポイント

- **歌・歌遊び**：身近な環境をテーマにした短めの歌を喜び、繰り返し楽しむようになる。季節が感じられる歌、体の動きも一緒に楽しむ歌など、そのときの目的に合わせて選択していく。場面に応じて思わずうたいたくなる雰囲気を大切にする。

- **環　境**：一対一あるいは数人の子どもを対象にして、歌を楽しみたい気持ちを大切にする。室内・室外問わず、その場面に応じて安心してうたうことができるときに十分に楽しむようにする。

- **実習生**：自由に好きな遊びをする中で、歌をうたいたい子ども、歌遊びをしたい子どもが自ら集まり楽しめるようにする。歌は聞きやすいよう音量や発音に配慮し、動きは子どもにわかりやすいように大きくゆったりと動くことを心がける。

3歳以上児　保育実践のポイント

- **歌・歌遊び**：保育者や友達と一緒に声を合わせてうたうことが楽しいと感じるようになる。歌から季節を感じたり、イメージを広げて楽しむ中で、友達とかかわり歌遊びをすることもより楽しめるようになってくる。

- **環　境**：歌をうたうときに、子どもが思わず気持ちよく体を揺らしたり、リズムをとったりする姿を認めていく。歌を覚えてより楽しみたいころに、伴奏楽器やリズム楽器を取り入れて、さらに楽しみを広げていくとよい。

- **実習生**：子どもが気持ちよく聞こえる音量や発音には十分に配慮する。また、歌遊びは一緒に歌や動きを楽しむ気持ちをもち、安全に楽しむスペースを確保する。

歌・歌遊びを楽しもう

実践例 生活場面の区切りでの歌・歌遊び　　　　　活動 食事 集まり

　3歳以上児くらいになると、友達と一緒に遊んだり生活することに楽しみがもて、朝の会・帰りの会を行うようになり、その前後にみんなで歌をうたったりします。また、昼食やおやつの前後や帰りの会などで季節の歌をクラスでうたうことも多く、これらは実習生が部分実習で任されることも多い場面です。一緒にうたうことの意味を考えながら、実践しましょう。

朝の会

　子どもたちが顔を合わせて、その日一日を楽しく過ごそうという気持ちを共有します。朝の歌に合わせて体を動かし、気持ちよく声を出し、楽しい一日のスタートとなるようにします。

『朝のうた』作詞：増子とし／作曲：本多鉄麿
『わらっておはよう』作詞：佐倉智子／作曲：浅野ななみ
『1・2・3でおはよう』作詞／作曲：不詳

＜伴奏の留意点＞
・伴奏楽器は事前に練習しておく
・子どもに保育者の表情が見えるように演奏する

帰りの会

　「今日一日、楽しかったね」という満足感や「明日もまた遊びたい」という意欲をもって、明日に期待をもてるようにします。その日の活動に関する手遊びや絵本などを楽しみ、みんなで楽しくうたっておわることが多いようです。

『おかえりのうた』作詞：天野蝶／作曲：一宮道子
『さよならのうた』作詞：高すすむ／作曲：渡辺茂

＜配慮したいこと＞
・生活場面が普段と変わらないように環境づくりをし、変更する場合は、事前に担任保育者に確認する
・子どもの表情が見える位置に立つ
・気持ちよくうたえる雰囲気を大切にする

昼食・おやつ

　子どもたちにとって友達と食べるお弁当や給食、おやつの時間は大きな楽しみの一つです。その楽しみをみんなで歌をうたったり一緒に手拍子したりして共有し、楽しいひとときにします。

『おべんとう』作詞：天野蝶／作曲：一宮道子
『おべんとバス』作詞／作曲：阿部直美
『クリームシチュー』作詞：阿部恵／作曲：中郡利彦
『カレーライスのうた』作詞：関根栄一／作曲：服部公一

季節の歌

　園生活では、四季を大切にしており、その季節を感じ、興味・関心をもてるようにします。月ごとに歌を決めていることが多く、園行事にちなんだ歌をうたうこともあります。

春)『春がきたんだ』作詞：ともろぎゆきお／作曲：峯陽
夏)『水あそび』作詞：東くめ／作曲：滝廉太郎
秋)『虫の声』作詞／作曲：文部省唱歌
冬)『こぎつね』作詞：勝承夫／作曲：ドイツ民謡

実践

・生活場面の区切りとして、次の生活や遊びに滑らかにつながるように実践しましょう。
・明るい笑顔で、子ども一人一人の顔を見て、心地よい声で、話したりうたったりしましょう。
・子どもがリズムをとったり体を揺らしたりすることを認めていきましょう。

展開

・遊びの中で、保育者が口ずさんだりしながら歌をうたうことを楽しみます。
・歌の歌詞に合わせて絵本や紙芝居を活用することを楽しみます。
・歌に登場する景色や動物や果物などをクイズにして楽しんでみましょう。

® POINT

・次の生活や遊びを楽しみに感じられるようにうたうことを大切にしよう。
・声を出すことや実習生や友達と声を合わせることの楽しさを味わえるようにしよう。
・うたいたくない子どもの姿も一つの表現として認めてかかわろう。

　歌遊びは、実にたくさんの遊びがありますし、子どもたちも大好きな遊びです。ここでは、人数に制限なく楽しめるわらべうた「なべなべそこぬけ」の保育実践を紹介します。

遊び方
・2人（もしくは数人）で手をつなぎます。
・「なべなべそこぬけ……」とうたいながら、両手を左右に揺らします。
・最後の「かえりましょ」で手をつないだままひっくり返り、背中合わせになります。

低年齢児は手をつなぎ、やさしくゆらゆら揺らしながら、歌をうたうことを楽しみます。

少人数や集団のときは、一緒にうたいつつ子ども同士つないだ手をくぐったり、元に戻ったりして楽しみます。

POINT
・選択した歌、歌遊びで何を楽しんでほしいのか、明確にしよう。
・子どもと一緒に楽しむ心もちをもってかかわろう。

　保育所では午睡時間があります。保育者は、午睡の落ち着いた雰囲気を大切にして、心地よく聞こえるような声でうたいます。そして、気持ちよく入眠したり、布団に横になる心地よさを感じられることを大切にします。

子守歌の選択
・家庭で保護者がよくうたっている子守歌を保護者に聞いて選択します。
・子どもの好きな歌をリクエストしてもらい、静かな雰囲気でうたいます。
・担任保育者がよくうたっている子守歌を選択します。

music　ねんねんころりよ
作詞・作曲：日本民謡

ねんねん　ころりよ　おころり　よ
ぼうやは　よいこだ　ねんねし　な

POINT
・上手にうたうことより心地よい時間を保障する心もちでうたおう。
・子どもによってはやさしく頭をなでたり、体をさするなどのスキンシップを大切にしよう。

実践例 人とのかかわりを楽しむ歌・歌遊び　　　　　　　　　　遊び　活動　導入

　歌・歌遊びは自然に人とのかかわりを心地よく楽しめる遊びです。音楽に合わせて声を出したり、リズムに合わせて動いて、みんなで一つのことを楽しむ経験にもつながっていきます。

歌・歌遊びの選択

・身近な言葉や出来事などが取り入れられているもの。
・子どもや利用者にとって、楽しい動きやリズムで動くこともできるようなもの。
・子どもや利用者の年齢や世代について考慮します。

楽しむ工夫

・子どもや利用者が聞き取りやすい声の音量や発音は事前に十分に確かめましょう。
・保育者は表情を豊かに、ゆっくりはっきりと話しましょう。
・実際に動作をわかりやすく見せて、子どもや利用者がまねしやすいようにしましょう。
・視覚的に理解しやすいように、カードや自作紙芝居などを活用しましょう。

歌・歌遊びの一例

・「あくしゅでこんにちは」（作詞：まどみちお、作曲：渡辺茂）
　　保護者と子ども、保育者と子ども、子ども同士などで向き合い体を動かしながら楽しむことができる歌遊びです。あくしゅをして触れ合いながら楽しめます。
・「ぽかぽかてくてく」（作詞：阪田寛夫、作曲：小森昭宏）
　　保育者がうたう歌詞をリズムに乗りながら追いかけたりしてうたうという楽しい歌です。いつの間にかみんなで楽しむ雰囲気ができます。

🅡 POINT

・実習担当の保育者に、事前にどのような歌・歌遊びが楽しめるのか相談しておこう。
・無理に参加させようとせず、ていねいに子どもや利用者の様子を確認してかかわろう。

column　ピアノの弾きうたいについて考えよう

　日本の保育者養成校および保育現場において、ピアノ演奏技術をある程度求められることが多い現実にあります。ピアノ演奏ができることはすばらしいことなので、保育に生かしてほしいと思いますが、「なぜ必要なのか？」と考えていく必要もあるでしょう。伴奏楽器はより歌をうたうことを楽しめるようにするためのものと考えると、ピアノが苦手な学生は子どもと一緒に楽しくうたうことを基本にして、まずは挑戦してみてどうであったかを振り返っていくとよいでしょう。
　保育士試験ではピアノだけではなくギターなどでの受験も可能です。自分が子どもと楽しめる伴奏楽器のあり方について考え柔軟に取り入れる姿勢をもてる保育者になってほしいと思います。

Let's try　仲間同士で歌・歌遊びを実践してみよう

歌・歌遊びの保育実践を仲間同士で動画撮影をして、後日お互いに評価してみよう。

STEP ①　仲間同士で保育者役と子ども役になり、歌・歌遊びの動画を撮影しよう。
STEP ②　仲間同士で動画を見て、意見交換しよう。
STEP ③　意見交換を踏まえて、歌・歌遊びで自分が大切にすることを整理しよう。

6 ペープサート

ペープサートの基本

● ペープサートの魅力

　ペープサートとは、「paper puppet theater（ペーパー・パペット・シアター）」の略で、日本で生まれた児童文化財の一つです。紙に描いた絵に棒をつけ人形にし、動かして演じる人形劇です。紙芝居とは異なり、登場人物が動くことでより臨場感が味わえることも魅力です。また、ペープサート最大の特徴は、**絵人形の表と裏に絵が描いてあり、絵人形を裏返すことにより別の絵が現れる楽しさ**があります。たとえば、泣いていた登場人物が笑顔に変化したり、ぼろぼろの洋服を着ていた主人公が魔法できれいなドレスに変わったりなど、お話により絵人形の表裏を使ってその変化を楽しむことができます。

● ペープサートを準備しよう

　材料は紙と棒があれば手軽につくることができるので、園だけでなく、施設等でも活用されています。実習で子どもや利用者と楽しめるよう一つは用意しておきたいものです。

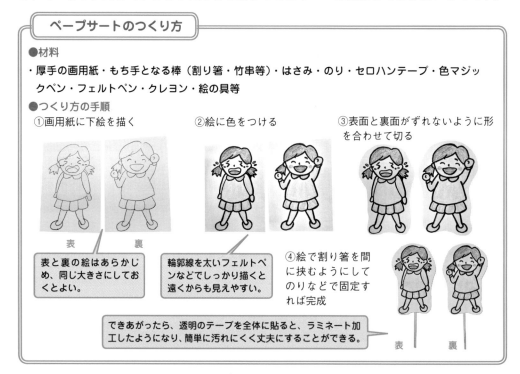

ペープサートのつくり方

●材料
・厚手の画用紙・もち手となる棒（割り箸・竹串等）・はさみ・のり・セロハンテープ・色マジックペン・フェルトペン・クレヨン・絵の具等

●つくり方の手順

①画用紙に下絵を描く　　②絵に色をつける　　③表面と裏面がずれないように形を合わせて切る

表　　　裏

表と裏の絵はあらかじめ、同じ大きさにしておくとよい。

輪郭線を太いフェルトペンなどでしっかり描くと遠くからも見えやすい。

④絵で割り箸を間に挟むようにしてのりなどで固定すれば完成

表　　　裏

できあがったら、透明のテープを全体に貼ると、ラミネート加工したようになり、簡単に汚れにくく丈夫にすることができる。

ペープサートの種類

　ペープサートにはお話だけでなく、さまざまな内容のものがあります。園や施設では、どのようなペープサートが楽しまれているのでしょうか。実習でも対象とする子どもや利用者、時期、場面によって、楽しいペープサートを準備できるよう確認しておきましょう。

●お話を楽しむもの

　お話の世界を楽しむペープサートです。「さるかにがっせん」や「はなさかじいさん」などの日本の昔話、「あかずきんちゃん」や「みにくいアヒルの子」など世界の童話をはじめ、出版されている絵本など既成のお話をもとに作成されたペープサートがあります。またオリジナルで創作されたお話をペープサートにするものもあります。

●歌や手遊びを楽しむもの

　子どもたちの大好きな歌や手遊びをペープサートにしたものです。物語性のある歌では、子どもたちにうたって聞かせながらペープサートを見せることで、歌のイメージを一緒に楽しむことができるでしょう。

●クイズやゲーム性のあるもの

　絵人形の表裏を活用して表にヒントとなる絵を、裏に正解の絵を描いて、クイズを楽しむペープサートや、にらめっこやじゃんけんなどのゲームを楽しむペープサートもあります。子どもたちとのやりとりを楽しむことができるペープサートです。

●仕かけのあるもの

　さまざまな趣向を凝らした、仕かけのあるペープサートです。ペープサートの製作に慣れてくれば、自分で仕かけを考えることも楽しいものです。

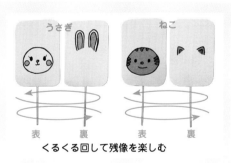

表　裏　　表　裏

くるくる回して残像を楽しむ

B4用紙を2枚貼り合わせ、折りたたみ、両端に割り箸をつける。伸ばして楽しめる絵を描く（例：大きなかぶ、ジャックと豆の木、つなひき等）。

伸ばして長さを変化させて楽しむ

帽子と頭の裏にマグネットを貼る

マグネットでくっつける

53

発達に応じた保育実践のポイント

　ペープサートは、子どもたちに合わせてつくることができるのも魅力の一つです。下記のポイントを参考に、子どもの発達に合わせて楽しめる内容を考えてつくるとよいでしょう。実践するときの環境づくりや演じ方の工夫で幅広い年齢の子どもたちが楽しめます。子どもたちが見やすい舞台の設置や演じ手が演じやすい環境を整えましょう。また、お話に合わせて絵人形を動かしたり、場面や登場人物に合った声の出し方（強弱や高低、抑揚、速さ）を工夫したり、子どもの反応を見ながら演じるようにすると演じ方の幅も広がります。

乳児　保育実践のポイント

- ✓ ペープサート：乳児にとって身近なもの、好きなものをペープサートにする。たとえば、りんごやみかんといった食べ物など、単純でわかりやすいものがよい。

- ✓ 環　境：じゅうたんや畳など座り心地がよく、ゆったりとくつろげる環境の中で行う。保育者がそばにいることで安心して楽しむことができる。

- ✓ 実習生：子どもたちを集めて行うのではなく、遊びの中で自然な流れで行う。子ども一人一人の目を見ながら、やさしく穏やかに語りかけるようにする。

1歳以上3歳未満児　保育実践のポイント

- ✓ ペープサート：言葉の発達が進み、身近なものへの関心が高まる。動物や乗り物など、子どもの興味をとらえたペープサートがよい。単純な内容で繰り返しのあるもの、普段から親しんでいる歌を題材にしたものを喜ぶ。

- ✓ 環　境：落ち着いた雰囲気の中で行う。ゆったりと座れるスペースを確保し、どの子どももペープサートが見える位置に留意する。

- ✓ 実習生：言葉はゆっくりと明瞭に、子どもたちに語りかけるようにして進める。この時期の子どもは気づいたことを言葉にしたり、伝えようとするようになるので、子どもたちの姿を受け止め、やりとりを楽しみながら行う。

3歳以上児　保育実践のポイント

- ✓ ペープサート：長いお話もじっくりと聞き、お話の世界を楽しめるようになる。友達と一緒に見る楽しさも感じるようになるので、みんなで声を合わせたり、歌をうたったりする内容もよい。

- ✓ 環　境：お話の世界を楽しむことができるよう、舞台のまわりには余計なものを置かないようにする。子どもが椅子に座るのか、床に座るのかによって舞台の高さも調整し、子どもたちが見やすい環境にする。

- ✓ 実習生：脚本は頭の中に入れ、子どもたちの顔を見ながら演じられるようにする。お話の世界の中で、子どもたちが感じ取っていることを受け止めながら進める。ゲームやクイズなどでは、子どもたちの様子に柔軟に応じながら進めていく。

ペープサートを楽しもう

実践例　お話を楽しむペープサート　　　　遊び　活動　導入　集まり

　登場人物が動き出すペープサートでは、ぜひお話を楽しみたいものです。お話の世界を楽しめるよう舞台を用意して、ペープサートを演じるとよいでしょう。

事前準備

　舞台があることでお話の世界を集中して楽しむことができます。また、一度に3人以上の登場人物を舞台上にあげたい場合など、登場人物の多いお話の場合には、ペープサートを立てる台が必要になります。

●舞台のつくり方

　机の上に、牛乳パックや段ボールなどを置いて高さを調整し、舞台をつくります。牛乳パックや段ボールがむき出しにならないように色画用紙で覆ったり、無地の布を被せて机の下に垂らすようにするとよいでしょう。舞台の裏にはペープサートを用意します。ペープサートを順番に並べて置いたり、ペープサートが刺せるように粘土や発泡スチロールを置くと便利でしょう。あわてずに取り出しやすいよう設定しておきましょう。

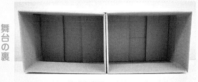
舞台の表

舞台の裏

環境構成

　舞台を準備したら、子どもたちが集中して楽しく見ることができるような環境をつくります。

登場する人形が多い場合には、ペープサートを立てる台(粘土や発泡スチロールなど)が必要になります。あらかじめ舞台に設置しておきましょう。

列の端の位置から舞台が見えるかどうかを確認しましょう。少し角度をつけたり、舞台と子どもが座る椅子との距離を調整するとよいでしょう。

保育者の表情が見えるように顔を出して演じることも多くありますが、劇の要素が強いお話や、複数の保育者で演じるときは、顔を出さずに演じるとよいでしょう。

子どもの座る椅子は、前の列の椅子の間に次の列の椅子を並べると見やすくなります。

🅡 POINT

・脚本を繰り返し読んで、お話の内容を覚えるというよりは理解するようにしよう。
・登場人物の気持ちになって演じるようにしよう。
・事前によく練習しておこう。
・間違えてもあわてず、何事もなかったかのように落ち着いて続けよう。

乳児は身近な大人とやりとりして遊ぶことが大好きです。ペープサートでも、乳児と応答的なやりとりを楽しむことができます。

例1　"いないいないばあ"をペープサートに
　　　　乳児が大好きな遊び"いないいないばあ"をペープサートにしても楽しいです。

POINT

・「○○ちゃん！」と子どもの名前を
　呼んで語りかけよう。
・ペープサートは子どもの顔の前で
　見せてひきつけ、期待を高めてか
　ら裏返そう。
・抑揚をつけて表情豊かに楽しもう。
・子どもから指を立てるなど"もう1回"と要求があったら応えてあげよう。

例2　手遊び「まあるいたまご」を題材に
　　　　卵からいろいろな赤ちゃんが生まれる手遊びをペープサートにしてみるのもよいでしょう。ペープサートの表に卵、裏には卵から生まれる赤ちゃんを描きます。

POINT

・やさしく語りかけるようにうたお
　う。
・ワクワクした気持ちを引き出しなが
　ら、タイミングよくペープサートを
　裏返そう。
・裏返して出てくる生き物に合わせて
　ペープサートの動きを工夫しよう。

　3歳以上児になるとクイズが大好きになるので、ペープサートを用いてクイズを楽しむのもよいでしょう。

シルエットクイズ
のペープサート

「ふわふわの雲の
形、何に見えるか
な？」

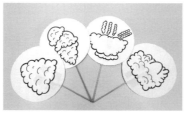

POINT

・クイズは子どもたちが正解できるものを基本にしよう。
・4〜5歳児であれば、少しむずかしいものにもチャレンジしたくなるため、いくつかむずかしい問題も用意しておこう。
・クイズのヒントを出したりして、やりとりを楽しもう。

歌をペープサートにすることで、歌の内容が視覚的にわかりやすくなります。要支援の子どもや利用者も歌の世界を楽しめるでしょう。

施設実習では大人の障がい者を対象とした施設もありますが、内容を大人向けにして楽しむこともできます。

例 「はたらくくるま」作詞：伊藤アキラ、作曲：越部信義
「あめふりくまのこ」作詞：鶴見正夫、作曲：湯山昭
「コンコンクシャンのうた」作詞：香山美子、作曲：湯山昭

⚡POINT

・ゆっくりとうたいながらペープサートを演じよう。
・子どもに合わせて一緒にうたうようにしよう。
・うたうことがまだむずかしい低年齢児や要支援児も、歌に合わせて体を揺らしたりして楽しめるように、働きかけてみよう。

色画用紙を使った
「はたらくくるま」のペープサート

🐘**column   ペープサートの歴史**

　ペープサートは、戦後、永柴孝堂（ながしばこうどう）（1908—1984）により考案され、その魅力から幼稚園や保育所に広がって、今では日本の児童文化財の一つとなっています。「日天さん月天さん」は、永柴孝堂の代表作として有名ですが、この作品は紙芝居を保育現場に広めた高橋五山（ござん）（1888—1965）の『鬼の吊り橋』（全甲社）の話をもとに改作したものといわれています。また、『鬼の吊り橋』は、トロルという鬼が出てきて3匹の山羊を食べようとする有名な北欧民話を参考にしてつくられたものです。

　紙芝居とペープサートのルーツは一緒で、江戸時代の「写し絵」といわれています。「写し絵」とは、ガラス板に描いた絵を和紙に投影して芝居をするもので、これがその後、紙を切って棒をつけた人形で演じる「立絵」に変化します。さらに、この「立絵」は「平絵」と呼ばれる紙芝居に、また、永柴孝堂の手によってペープサートへと発展していきました。

Let's try　　ペープサートをつくって演じてみよう

実習先（幼稚園・保育所・認定こども園・施設）を想定して、ペープサートを一つつくってみよう。つくったペープサートを仲間と演じて学び合おう。

- -

STEP①　つくったペープサートをもち寄り、仲間と共有し合おう。
　　　　　・工夫した点について学び合おう。
　　　　　・さらなる工夫点はないか話し合ってみよう。
STEP②　実習を想定して、つくったペープサートを演じてみよう。
　　　　　・演じてみてどうだったか振り返り、自己評価しよう。
　　　　　・仲間のペープサートを見てよかった点、もっとよくするための具体的なアドバイスをしよう。

7 パネルシアター

パネルシアターの基本

　パネルシアターは、**布（パネル布）を貼った舞台上に絵や文字などを描いた不織布（Pペーパー）を貼りつけたり、動かしたりして表現する児童文化財**です。1973（昭和48）年に古宇田亮順がはじめ、保育教材として広まっていきました。舞台に使用するパネル布とPペーパーの摩擦で、簡単に取り外したり動かしたりできるため、歌に合わせたり、お話の展開に合わせて演じることができます。パネルシアターは、白いパネル板（白パネル）に、絵などを描き色づけたPペーパーを貼ったり動かしたりして演じる形式のものが一般的で、保育の場で多く実践されています。その他にも、黒いパネル板（黒パネル）を使用したブラックパネルシアターもあります。蛍光塗料でPペーパーに絵などを描き、演じるときにブラックライトを当てると、描いた絵などが光るように見えます。

　パネルシアターは、ストーリーを楽しめる作品だけでなく、季節感のある作品や食べ物・動植物、歌遊び、クイズ、ゲーム、形や色、数を題材としたものなどがあります。保育の中で多様に展開ができる保育教材です。**子どもたちの発達や遊びの興味・関心や季節や行事などに合わせて取り入れていきましょう。**また、保育者が独自につくって演じたり、子どもたちと一緒につくって演じてもよいでしょう。

パネルシアターのつくり方

●材料
・Pペーパー・鉛筆・はさみ・絵の具セット（絵の具、筆、パレット、筆洗用バケツ）・雑巾・油性フェルトペン

●つくり方の手順

①鉛筆で下絵を描く　　②着色する　　　　③ふちどる　　　　④切り取る

下絵がある場合はPペーパーを下絵の上に載せて写す。コピー機でPペーパーに下絵を印字することもできる。

絵の具やポスターカラーで着色する（次頁column参照）。

油性の黒いフェルトペンを使うとよい。作品によってはふちどらず、そのままの色合いを楽しむものもある。

できあがり線に沿ってはさみで切り取る。

パネルシアターの種類

パネルシアターでは、さまざまな種類の作品があります。ここではそのいくつかを紹介します。

●ストーリーを楽しむ

・「おおかみと7ひきのこやぎ」：子ヤギがお母さんとの約束を守り、狼を家に入れずにいましたが、狼がお母さんの振りをしてやってきます。子ヤギ役、狼役の声色を変えることでおもしろさが出ます。

・「はらぺこあおむし」：絵本『はらぺこあおむし』（エリック・カール作、もりひさし訳、偕成社、1976）のストーリーに合わせて、あおむしが食べ物を食べて成長し、ちょうになります。大きなちょうがパネルから離れて飛んでいくところが本物のちょうに見えます。

●形や色、数などへの関心を高める

・「まんまるさん」：丸からネコなどの動物になったりと、形の変化を楽しめます。他には何があるか子どもと一緒に考えるとどんどん広がっていきます。

・「どんな色がすき？」：歌に合わせながら、いろいろな色が出てくるのが楽しい作品です。

●食べ物や動物への関心を高める

・「やおやのおみせやさん」：どんどん出てくる野菜を見て、知っている野菜の名前を子どもがいっていきます。

・「アイアイ」：サルの手や足を仕かけで動かすとリズミカルに演じられます。

・「だ・あ・れ？」：草むらに隠れた動物は誰なのかを動物の鳴き声をまねして子どもに当ててもらう作品です。

●季節感を味わう

・「七夕」：黒パネル、ブラックライトを使用すると、夜空に光る星を表現できます。

・「どんぐりころころ」：歌に合わせてどんぐりが転がる様子を軽やかに表すと子どもも楽しめます。

・「あわてんぼうのサンタクロース」：黒パネルを使用します。夜中にプレゼントを届けにいくサンタクロースが歌と同様にあわてる様子が描かれている作品です。

---

column　Pペーパーの着色で使われる筆記用具の長所・短所

Pペーパーに着色する際には、淡い色ではなくはっきりした色で着色しましょう。遠くの子どもにも絵がはっきりと見えます。次に筆記用具の長所と短所を示しますので、参考にしてください。

色鉛筆	△	色が薄いため、遠くにいる観客に見えにくい。ただし、絵の具やポスターカラー等の上から色づけると立体感や質感が出る。
クレヨンパステル	△	乾く時間を気にせずに作成できるため、早く仕上がる。ボード上で動かすと色落ちしてしまうため、定着液が必須。フェルトペンでふちどらないほうが色合いがきれい。
絵の具	○	一般的に使われている道具。乾く時間が必要で、にじみには注意する。
ポスターカラー	○	絵の具よりも鮮やかな色合いで着色される。厚く塗るとPペーパーの毛羽だちがなくなり落下しやすくなるため注意が必要。
アクリル絵の具	○	着色がきれいに仕上がる。乾く時間が必要。

発達に応じた保育実践のポイント

　パネルシアターを演じるときには、どのくらいの人数に対して演じるのかやどういった目的で行うのかに合わせて楽しみ方が変わります。発達に応じてその使い方もさまざまですので、ポイントを押さえて活用していきましょう。

乳児 保育実践のポイント

✓ **パネルシアター**：小さめのパネル板を用意する。短いお話で色合いや形が認識しやすいものや子どもがいつも好んでいる絵本の題材にする。

✓ **環　境**：パネル板を子どもの目の高さに合わせて設置する。子どもがPペーパーを口に含んでしまわないように、演じる準備物の置き場所に配慮する。

✓ **実習生**：子どもの興味・関心に合わせた題材を選ぶ。パネルシアターの演出に自然と興味がもてた子どもを対象にして楽しい雰囲気を大切にする。

1歳以上3歳未満児 保育実践のポイント

✓ **パネルシアター**：簡単な言葉の繰り返しのあるお話や、歌がついてリズムよく楽しめるもの、最近覚えたもの（動物や食べ物など）が出てくるクイズなど、親しみやすいものを選ぶ。

✓ **環　境**：パネルシアターに集中できるような場所を選ぶ。

✓ **実習生**：子どもが参加したい気持ちに寄り添い、反応を大切にしながら進められるように配慮する。

3歳以上児 保育実践のポイント

✓ **パネルシアター**：比較的長い物語や年齢に見合ったクイズ、マジックといった少し複雑な内容も楽しめる。動物、虫、恐竜、自然物、食べ物、身のまわりにあるものなど関心が広がるように工夫して、オリジナルでつくり演じることも文化財の楽しみ方の一つ。

✓ **環　境**：日常の中で親しめるように、パネル板を常設する環境構成も一つの方法である。少人数に対してなのか、一クラスに対して演じるのかによってパネル板の大きさや高さを変え、子どもたちが見えるように工夫する。うしろの子どもまで見えるように、絵と演者が重ならないように留意する。

✓ **実習生**：ストーリーが長いお話や、手順が大切なマジックで、セリフや手順を忘れたり絵人形を落としたりするかもしれないが、失敗してもあせらずに落ち着いて行う。笑顔ではっきりとした声で伝わるようにし、子どもの反応を楽しみながら演じる。

パネルシアターを楽しもう

| 実践例 | 野菜を育て、料理をするなど食に触れて楽しむ | 遊び 活動 導入 集まり |

カレーライスの歌

パネルシアターのお話の流れに合わせて人やものが登場することを上手に利用し、お話が進み展開していくと料理ができるという結末は子どもにとってわかりやすい流れでしょう。ここでは「カレーライスの歌」を紹介します。お泊まり保育や誕生会、リクエストメニューで出ることもあれば、園で育てる野菜に親しみをもつといった食育との兼ね合いで保育実践に展開できます。

準備物
・パネル板
・イーゼル
・不織布で作成した絵
・机
・下幕

環境構成
保育室の隅のコーナーを利用したり、少し開けた子どもが集まれる場所にイーゼルを置き、パネル板を立てかけておきます。

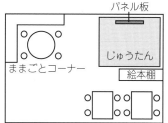

実践
カレーライスの歌をうたいながら、カレーをつくる手順を実演します。

展開

【実演側】 ※子どもに見えるほう

【裏側】 ※パネル板の裏側

カレーライスの歌をうたったあと、野菜の絵を見せながら、実物の野菜も取り出して見せます。自園で育てた野菜も入れる場合、そのイラストと実物も用意しておきます。

実物の野菜の外側（皮つき）と内側（切った断面）を見せます。

カレーライスに出てこない育てた野菜を見せ、名前を知っているか、クイズに発展してもおもしろいでしょう。

お泊まり保育や食体験で、カレーライスをつくるときの手順が把握できます。洗う、皮をむく、切る、煮るなど調理の手順と自分の役割をつなげて考えることができます。

POINT
・「カレーライスの歌」の歌詞を間違えないように練習しておこう。
・パネル板は子どもたちが見えやすい高さや場所にあるか確認しよう。
・歌に合わせて絵を出すタイミングを練習しておこう。
・絵の色がにじんでいたり、取れたりしていないか確認しよう。
・実演したときにどれくらい時間がかかるか把握しておこう。

「まる・さんかく・しかくの図形から、連想できるものは何だろう？」と身のまわりにある自然物や生活に必要なもの、園にあるものなどで、手づくりのクイズを考えてもよいでしょう。

図形に仕掛けをつくり、表面は黒のシルエット、裏面はシルエットの動物などを描き、ヒントを出しながらクイズにしても子どもがワクワク参加できるでしょう（裏返し参照）。また、丸の形から耳が出て猫になるといった形の変化もおもしろいでしょう（糸止め参照）。

裏返し
・2枚の同じ形のPペーパーを表と裏に貼り合わせてつくる。

シルエットクイズ

> シルエットは黒のPペーパーを使うと簡単です。

糸止め
・体の部位（手足や首、しっぽ、耳など）を動かせるようにPペーパーを複数用意して、必要な個所に糸で止める。

丸から耳が出て、裏返すと……!?

> 太口もめん糸を2本どりにし、大きめの玉結びをし表側から糸を通し、裏にも玉結びをつくり、不要な糸を切ります。

展開
時計の針を中央に糸止めすると、時計の時間を変えることができ、いろいろなお話にも使えます。

> 裏返しと糸止めの応用！ 同じ形のPペーパーの1枚（表）に岩、もう1枚（裏）にカメの甲羅を描き、2枚のPペーパーの間に顔と足としっぽを挟んで糸止めにします。

🔍 POINT
・表面と裏面の形がずれていないか確かめよう。
・糸止めがほどけていないかなど仕掛けを確認し実演の練習をしておこう。

---

column　段ボールを使ったパネル板のつくり方

パネルシアターの舞台（パネル板）を段ボールで簡単につくることができます。コンパクトでもち運びにも便利な段ボールパネル板のつくり方を紹介しますのでつくっておくとよいでしょう。

厚手の段ボールを下のサイズで2枚切り取る。裏移りを防ぐため、無地のほうを表にして並べ、布の粘着テープで貼り合わせる。	先ほど貼った粘着テープの上と周囲に、両面テープを貼る。（スプレーのり等でもよい）	パネル布を表側を下にして広げる。段ボールの両面テープをはがし、布にシワが寄らないようにていねいに貼り、余った布部分を裏側に折りたたみ、粘着テープで留める。	最後に、折りたためるように裏側の中央のパネル布と粘着テープに切り込みを入れる。表側まで切ってしまわないように注意しよう。

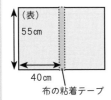

（表）
55cm
40cm
布の粘着テープ

（表）
両面テープ

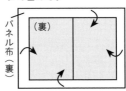

（裏）
パネル布（裏）

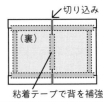

切り込み
（裏）
粘着テープで背を補強

子ども一人一人に個性や好みがあり、集団で集まることや普段と違うことに反応して落ち着かないこともあるかもしれません。パネルシアターに集中して見られるように、視覚情報を減らす工夫があると安心することも多いでしょう。仕切りを使ったり、少人数で見たり工夫をしましょう。

こぶたぬきつねこ

事前準備

実施前に「△日に△△先生がパネルシアターをやりたいと思います」など、子どもに伝えておくとよいでしょう。その際、「お帰りの会の前」など、普段の時間の表現を用いたり、カレンダーを使い視覚的に伝えたりすると具体的で伝わりやすくなります。事前に伝えることで、子どもたちも楽しみへの見通しがもてます。

準備物

・パネル板　・イーゼル
・不織布で作成した絵
・机　・下幕

環境構成

イーゼルを置き、パネル板を立てかけておきます。座る場所にカーペットを敷く、仕切りで囲むなど、パネルシアターに視覚的に集中できる環境を用意しましょう。

演じる場所は少人数で子どもが落ち着けるところに設置しましょう。

保育者の言葉がよく聞こえて集中できるところがあるとよりよいでしょう。

自分のマークが貼ってある椅子があると安心できるでしょう。

おもちゃなどの遊びたくなるものは別の場所に移動しておきましょう。

POINT

・演じる際の声の強弱は、大きな声に驚いてしまう子どももいるため、事前に保育者にどのくらいの声で行うとよいか相談しておこう。
・よく驚いてしまう子どもには、事前に保育者についてもらう、すぐに退室できる場所を確認するなどの手立てを考えておこう。
・興味・関心をもって子どもが楽しめることを基本にしよう。

Let's try　　パネルシアターを製作して仲間同士で演じてみよう

パネルシアターを製作して、保育者役と子ども役に分かれて、実演してみよう。

STEP ①　製作したときに工夫した部分を仲間同士で学び合おう。
STEP ②　実演した側、見ていた側で感想を伝え合おう。
　　　　　・演じたときの振り返りをしてみよう。
　　　　　・見ていてよかったところなどを伝え合おう。

Part 2　活動・遊びを実践してみよう

8 スケッチブックシアター

スケッチブックシアターの基本

スケッチブックシアターとは

　スケッチブックシアターとは、スケッチブックに絵を描いたり仕かけをつくり、ページをめくりお話を進めたり、クイズを楽しんだりする遊びです。**スケッチブックの大きさなど種類があるため、月齢・年齢や遊び方により選択することで、より楽しめます。**

　クレヨンや絵の具などですぐに描くことができ、仕かけも用紙に切り込みを入れたり、画用紙やのり、毛糸など、身近な教材・素材で作成したりできます。ページをめくるごとに視覚的に変化していくお話ではイメージの世界も広げながら楽しめるものになります。**スケッチブックはもち出しや保管もしやすく、他に準備物がないのも魅力の一つです。**

身近な保育教材だからこそていねいに作成する

　スケッチブックは、身近な保育教材だからこそ、ていねいに構成を考えて製作します。たとえば、絵のアウトラインをしっかりと描くこと、画用紙を貼る際はのりをていねいにつけることなどに配慮しましょう。子どもがそのページのお話を集中して見ることにもつながり、保育者も安心してストーリーを展開することができます。

　ポケットをつくり中から何かを出すなど動きを伴う仕かけをつくる際には、出入口の大きさや角度、中に入れるものを頑丈につくりましょう。工夫を重ねながら、保育者も子どもも安心して楽しめるように作成します。

スケッチブックシアターのつくり方

●材料
・スケッチブック：対象年齢や内容に合わせて大きさを選択する。
・色を塗る材料：絵の具、色鉛筆、マーカー（水性・油性）など
・画用紙
・はさみ、カッター、のり（必要に応じて）
・仕かけをつくるための材料：リボン、糸、布など

●スケッチブックシアターの一例

両面ファスナーで絵人形をつけたり外したりして遊ぶ。

「プレゼントは何かな～？」と、シルエットクイズにして楽しむ。

スケッチブックシアターの種類

　スケッチブックシアターでの遊び方は、保育者のアイデア次第でいくらでも遊びが広がっていくことが大きな魅力です。ぜひ、子どもの月齢・年齢の発達を踏まえて"どんなことをしたら楽しんでもらえるかな?"というワクワクした気持ちをもって、楽しい仕かけを考えて作成してほしいと思います。

●乗り物・食べ物

　乳児の場合には、色は鮮やかなものを選ぶとよいでしょう。乗り物であれば、絵を見せながら「これなーんだ?　クルマだね、ブーブー」と簡単なやりとりをしながら楽しみます。食べ物であれば、「はい、どうぞ」と食べるまねをして楽しむのもよいでしょう。

●シルエットクイズ

　子どもにとって身近であったり興味・関心のあるもののシルエットを題材に用いてクイズ形式で楽しみます。
　3歳以上児の場合には、クマとパンダなど"どっちかな?"と思わせるようなクイズにすると楽しくなります。

●お話

　子どもたちの大好きなお話にスケッチブックで挑戦してみましょう。お話の場合には、絵の具などで濃淡ある工夫をして絵を描くことで、子どものイメージの世界がより広がります。
　見開きの2画面を上手に使いながら（本書p.68参照）展開していくと、お話の世界をより楽しむことにつながっていきます。

●歌

　歌の導入などに、スケッチブックシアターを活用していくと、子どもが視覚的に歌詞を理解しやすくイメージを膨らませて楽しくうたえます。物語のように語りながらスケッチブックのページをめくることで場面変化ができ、子どもは興味・関心を高めつつ歌を楽しめます。

●クッキングの説明

　子どもたちが大好きなクッキングの手順を絵でわかりやすく説明をします。視覚的に理解しやすく、子どもたち自身がめくりながら確認したりでき、活用する幅が広がります。
　クッキングの様子を写真撮影して、添付すると、子どもたちの楽しい思い出の詰まったスケッチブックとなることでしょう。

●子どもにかかわる職員の写真

　低年齢児は、身近な大人の顔を見ることはうれしい一方で、嘱託医の顔や白衣姿を見るのは不安なものです。スケッチブックをめくるおもしろさを活用して、保育者や嘱託医の「いないいないばあ」遊びを楽しむことで、うれしい気持ちになったり、安心して健診を受けられるようになるかもしれません。

発達に応じた保育実践のポイント

　スケッチブックシアターは、基本的には大人が子どもに見せて楽しむものであるため、乳児といっても０歳児後半以降の乳児は、保育者の膝に座り見せて楽しむことからはじめ、安全には十分に留意して活用していくようにします。その後は、一緒に楽しむ子どもの人数や子どもの月齢・年齢、興味・関心に合わせて内容やスケッチブックの大きさを考えていきましょう。

乳児 保育実践のポイント

- ✓ **スケッチブックシアター**：スケッチブックは赤ちゃん絵本のように小さなサイズのもの、リングは子どもが触れても安全なものを選ぶ。鮮やかな色を使い、仕掛けは単純で丈夫につくる。

- ✓ **環　境**：乳児が機嫌のよい時間に、室内の落ち着いた環境で楽しむ。一対一を基本としながらも、興味をもって集まる子どもにも応じられる安全な環境を確保する。

- ✓ **実習生**：ゆったりとした雰囲気の中で子どもと一緒に見ることを楽しむ。やさしく語りかけながらページをめくったり繰り返し楽しむようにする。

1歳以上3歳未満児 保育実践のポイント

- ✓ **スケッチブックシアター**：保育者自身が安全に活用できる大きさが重要。「緑の野菜は？」などの簡単なクイズや簡単で繰り返しのあるお話が楽しめるようになるので、仕掛けなどを工夫して、より楽しめるものにする。

- ✓ **環　境**：一対一で、ゆったりとやりとりをしながら楽しむ。数人の子どもと楽しむときには、保育者のうしろは壁にして集中して見られる環境にする。子ども自ら手に取り遊んだりするために、絵本棚などに飾ってもよい。

- ✓ **実習生**：好きな遊びをする中で、実習生がスケッチブックシアターのコーナーとして楽しめるようにする。集まる子どもたち全員が見られるように配慮する。

3歳以上児 保育実践のポイント

- ✓ **スケッチブックシアター**：答えに迷うようなちょっとむずかしいクイズなどが楽しくなる。マジック的なものも楽しめ、お話は簡単なストーリーから昔話のような少し長いものもじっくりと楽しむことができる。複雑な仕掛けも興味をもって喜ぶようになる。

- ✓ **環　境**：集団で見る場面も増えるので、みんなで楽しめるやりとりを大切にする。楽しみ方もそれぞれであることを認める。

- ✓ **実習生**：子どもとやりとりをしながら楽しめるように、肯定的な言葉かけをしていく。ページのめくり方や複雑な仕掛けは、しっかり練習をして子どもがじっくり集中できるようにする。語り方も抑揚をつけると期待が膨らむ。

スケッチブックシアターを楽しもう

実践例 大人数で楽しむスケッチブックシアター

活動 集まり

　誕生会は、誕生児だけでなく、友達の誕生日を気持ちよくお祝いをする子どもたちのために行われる行事です。その出し物の一つとしてスケッチブックシアターに挑戦してみましょう。

　現在の誕生会は、集会形式やクラス単位で行うものなどさまざまであるため、事前に詳細を確認します。

事前準備

・誕生会はプログラム（流れ）と、誕生児の名前・年齢・誕生児へのプレゼント（メダルなど）を確認します。

環境構成

・毎月の誕生会の場所や子どもたちが座る椅子やマットの置き方を確認します。
・子どもたちがスケッチブックシアターを見られる位置を確認して、マークをつけます。
・実習生の服装は邪魔にならないような色合い・無地にするなど配慮します。

●誕生児へのプレゼントの一例

●集団での環境構成例

子どもの人数に合わせてスケッチブックの大きさに配慮します。

集団で楽しむパターンと、保育者と一対一で楽しむパターンがあります。

声の音量は、スペースの広さや子どもの人数に合わせて調整します。

仕かけは、より効果的に抑揚をつけて動かすようにします。

実践

・みんなで誕生児へのお祝いの気持ちをもてるような温かな雰囲気を大切にします。
・スケッチブックシアターは、みんなが見える位置となっているか確認をしてはじめます。
・声の大きさは子どもの人数に合わせて調整し、発音ははっきりと話してわかりやすい話し方をします。

展開

・誕生会で行ったスケッチブックシアターを遊びの中で、子どもとさらに楽しみます。
・子どもの興味・関心が高まったときには、活動としてスケッチブックシアターを作成します。

POINT

・誕生日という特別な日を迎える子どもと喜びを共有しよう。
・スケッチブックシアターの配色はメリハリのある見やすいものにしよう。
・計画通りに完璧に進めようとせず、子どもたちとのやりとりを楽しもう。

Part 2 活動・遊びを実践してみよう

　スケッチブックシアターでのお話は、絵本や紙芝居とは異なるおもしろさがあります。ページをめくる、仕掛け、絵の配色などの工夫を重ね合わせると、その保育者だけのすてきなお話ができあがります。

お話の選択

・子どもが絵本や紙芝居などでなじみのあるお話を選ぶと、スケッチブックシアターならではの工夫が楽しくなります。
・3歳以上児クラスになると、生活の区切りでみんなで見て楽しんだりすることもできます。

仕掛けの例

見開きを上手に活用しましょう。

両面ファスナーで絵人形が着脱できるようにすると、お話を展開しやすいでしょう。

『三びきのやぎのがらがらどん』
マーシャ・ブラウン絵、せたていじ訳
福音館書店、1965

絵人形を糸でつるし、橋から落ちる様子に動きをつけてみましょう。

表と裏に異なる表情を描くと変化が楽しめます。　表　裏

🅟 POINT

・お話に集中して楽しめるように語り方の工夫やオノマトペの活用をしよう。
・効果的に仕掛けを動かす練習をしよう。
・子どもの表情を見ながら語り、一緒に楽しもう。

　子どもたちにとって、食育活動は自分自身の元気な心と体をつくることを考える大事な活動です。スケッチブックシアターでの楽しい食育クイズやクッキングの手順の理解につなげていきましょう。

配慮・援助

・給食やお弁当で使う、子どもにとって身近な食材から取り上げていきましょう。
・食育の視点では、より本物に近い形や色使いをすることで、本物と結びつきやすくなります。

仕掛けの例

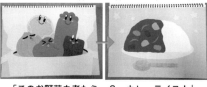

「このお野菜を煮たら…？　カレーライス！」

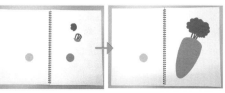

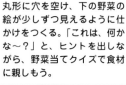

丸形に穴を空け、下の野菜の絵が少しずつ見えるように仕掛けをつくる。「これは、何かな〜？」と、ヒントを出しながら、野菜当てクイズで食材に親しもう。

ホットケーキの材料をイラストで示して、おいしいホットケーキのできあがり！

🅟 POINT

・食べ物の色、形など正しい知識を伝えられるようにしよう。
・食べ物について楽しく理解できる工夫や仕掛けを取り入れよう。
・繰り返し使用することも考え、丈夫につくることを心がけよう。

要支援の子どもや利用者を対象とするスケッチブックシアターは、ページをめくったときのわかりやすい変化や仕かけのメリハリが、楽しさ、おもしろさにつながります。

事前準備

・使う場面や子どもや利用者の人数を想定して使いやすい大きさで作成します。
・感覚（聴覚・視覚）で楽しめる場面をつくるとみんなで楽しむことにつながります。

楽しむ工夫

・ヒントになる部分やお話の大事な部分は、わかりやすいように指さしをするなどして伝えます。
・子どもや利用者が参加できるような、呪文を唱えたりカウントダウンをするなどすると楽しめます。

「帽子の中から……？」「いろんな色の風船が出てきた！」

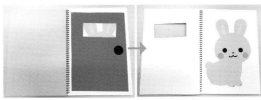

「あれ、誰か来たみたい？」「うさぎさん！」

POINT

・子どもや利用者が触れたり動かしたりして楽しむ機会も大切にしよう。
・子どもや利用者が集中できる時間を考慮しよう。

---

column　児童文化財の「色を塗ること」について考える

　児童文化財などを作成するとき、色塗りをすることがよくあります。その色は、子どもが視覚という感覚を使い楽しむからこそ、実習生として「子どもの育ちの一部分」として考えましょう。たとえば、低年齢児は比較的はっきりした色を認識しやすいといわれており、3歳以上になるとさまざまな色の違いを楽しめるようになり、色を混ぜたりにじませて遊ぶようにもなります。色鉛筆はやわらかく繊細な色づかいができますが、距離があると見えづらくなります。また、カラーサインペンは色がはっきり見えますが、混ぜることができず単調になりやすくなります。その点、絵の具は、はっきり見え、繊細に色を変えられますが、こすると色が混ざってしまいます。色を塗る道具について、今一度子どもにとって何がよいのか、考えて作成するとよいでしょう。

Let's try　スケッチブックシアターの仕かけをつくってみよう

スケッチブックシアターでどのような仕かけができるか考え、実際につくってみよう。

STEP ①　グループをつくり、一人一人が考えた仕かけを発表し合おう。

STEP ②　発表した人に、その仕かけのおもしろさともっと楽しむための工夫などについて伝えてみよう。

STEP ③　これらの仕かけを使って、どんなスケッチブックシアターができるか仲間同士で考えてみよう。

9 ゲーム

ゲームの基本

友達と一緒に楽しむ

「じゃんけん列車」「椅子取りゲーム」「猛獣狩りゲーム」「フルーツバスケット」「オオカミさん今何時」「まねっこだぁれ」「ハンカチ落とし」などのゲーム、みなさんも一度は経験したことがあるのではないでしょうか。ゲーム（Game）という言葉は「遊戯。勝負事」という意味をもっており、保育現場では、複数の子どもたちが、決まったルールにのっとって、みんなで楽しめる内容の遊び（遊び方）を指します。ゲームは2〜3人で楽しめるものから、大人数で楽しむもの、また、昔から親しまれている伝承遊びや、その園やクラスのオリジナルのルールを取り入れて楽しむ内容など、多種多様です。

保育におけるゲームは、家庭におけるゲーム、いわゆる画面越しに楽しむゲームとは、性質がまったく異なります。「自分ともの」との関係でなく**「自分と人（友達や保育者）」との関係を楽しみ**、友達や保育者と一緒に体や頭を使い、喜怒哀楽を共有する時間を過ごすことで、**協調性や道徳観、競争心などさまざまな力が育まれます**。ゲームは、集団生活を送る園や施設だからこそ楽しめ、同世代の友達がいるからこそ、ゲームが成り立ちます。

さまざまな場面で楽しむ

保育におけるゲームは、**主な活動として目的やねらいをもって取り組む場面と、自由遊びの時間に保育者と複数名の子どもたちで楽しむ場面があります**。主な活動で楽しんだ経験をきっかけに、自由遊びの時間に保育者や友達とさらに遊びのおもしろさを味わっていく、逆に自由遊びで子どもたちが楽しんでいるゲームを、クラスの主な活動に取り入れ、そのおもしろさをクラスみんなで共有し、一体感を高めていくような進め方、どちらもゲームの特性を生かし、子どもたちの育ちを支えています。

実習では、責任実習の主な活動として、ゲームを取り入れたい、と考えることは少なくないでしょう。このとき、配属クラス（年齢）、クラス人数、実習期間や季節等を考慮し、ゲームの内容を吟味していく必要があります。大切なことは、子どもたちの園生活は実習期間前からつながっているものであることを自覚し、それまでの生活や遊びの経験、友達関係の広がりや、深まりをとらえることです。限られた実習期間で、すべてをつかむことは大変厳しいことなので、主任保育者や実習担当の保育者とのやりとりを積極的に行い、相談し、助言をいただきながら取り組むことが重要です。

ゲームの種類

実習生が主な活動として取り入れやすいゲームを紹介します。

大勢で楽しむ

フルーツバスケット

円になり子どもをフルーツの名前に分ける。円の真ん中に立つ鬼にいわれたフルーツの子どもは席を移動し、座れなかった子どもが次の鬼になる。

ジェスチャーゲーム

円になって座り、真ん中に立つ子どもが伝えたいものをジェスチャーで表す。答えを当てた子どもが次のジェスチャーをする。

しっぽ取り

服の背中下あたりにしっぽ（紐やテープ等）を入れて垂らす。自分のしっぽを取られないよう気をつけながら友達のしっぽを取り、取れた数を競う。

グループで競争する

宝探しゲーム

クラスをいくつかのグループに分け、保育者が隠した宝を探す。1番に見つけたグループが勝利となる。子どもが隠す側になってもよい。

積み上げゲーム

3～4人のグループをいくつかつくり、制限時間内に空き箱やソフトブロックを高く積み上げたチームが勝利。

友達集めゲーム

子どもたちを2グループに分ける。各グループに「集まれサークル」をつくり、相手チームの子どもにタッチされたら、相手チームのサークルに入る。集めた人数が多いほうが勝利。

リレーで競争する

おたまリレー

各チームにおたまとピンポン玉を用意し、バトン代わりにしたチーム対抗リレー。一番早く運びおわったチームの勝利。

パタパタ競争

各チームにうちわと風船を用意し、リレーコースは段ボール等で準備する。風船を運び次の人に渡し、最終走者まで一番早く渡ったチームが勝利。

仲良しリレー

各チーム2人組をつくり、フープに入る。2人組で走って、チーム対抗で競争する。友達と触れ合いながら楽しめるリレーゲーム。

発達に応じた保育実践のポイント

　ゲームを展開するとき、各年齢やクラスの日常の遊びの様子や、年齢に応じた理解力や判断力に対する保育者の理解が大切です。ゲームは、その特性から、3歳以上児クラスで実践することが多いでしょう。しかし、3歳児クラスの子どもたちが楽しんでいる簡単なゲームに、2歳児クラスの子どもがやってみたいという思いを抱く場面などがあれば、安全に楽しめる環境を整えながら、ともに経験できるとよいでしょう。日々の保育の流れと、子どもが遊びを楽しむ姿を大切に、柔軟にケースバイケースで対応します。これらを踏まえ、ここでは、3・4・5歳児クラスの実践のポイントを記します。

3歳児 保育実践のポイント

- **ゲーム**：3歳児は月齢による個人差も大きく、ルールに対する理解力や身体能力の幅も広い。また、集中できる時間も短いので、説明は5分程度、活動は15〜20分程度で楽しめる遊びが適している。

- **環 境**：園庭より保育室など一定のスペースで展開することが適している。準備物などあらかじめ用意しておき、待つ時間を少なくする工夫をする。

- **実習生**：子どもたちの期待感が増すので、ゲームにちなんだ手遊びなどから導入してみよう。ルール説明にはパペット人形を使うなどもわかりやすく効果的である。

4歳児 保育実践のポイント

- **ゲーム**：4歳児は友達との遊びが楽しくなる一方、「自分は絶対に勝ちたい」という勝敗へのこだわりも出てくるため、いつも同じチームばかりが勝つ、負けるなど偏らないようにチームをつくることも工夫の一つになる。説明は5〜7分程度、活動は25分程度を目安に進める。

- **環 境**：ゲームに使う準備品（たとえばしっぽ取りゲームのしっぽなど）を自由遊びの時間に子どもたちと用意することも期待感を高めるために効果的である。活動場所は、衝突するものがない、広いスペースが適している。

- **実習生**：聞こえやすい大きさの声で一人一人にルール説明が届くように心がけよう。黒板やホワイトボードを使って視覚的に遊びの内容が理解できるとよい。

5歳児 保育実践のポイント

- **ゲーム**：5歳児は、いくつかのルールが重なってもそれを守って遊ぶことをおもしろがるようになり、友達と協力し考えて行動するようになってくる。ルール説明は5〜7分程度を目安に進め、遊び込める時間を想定し、30〜35分程度の活動展開で構成する。

- **環 境**：広いスペースで展開することはもちろんのこと、子どもたちと一緒にどこまでを活動スペースとするか話し合って共有することが大切になる。

- **実習生**：実習生が中心となって進めると同時に、数名の子どもたちに前に出てもらいデモンストレーションするなど、ともに主体的に進めることを心がける。

ゲームを楽しもう

実践例 ルールの中でグループで協力しながら競って遊ぶ 〔遊び〕〔活動〕

オセロゲーム

　クラスをグループ分けし、チーム対抗で遊びます。円形のパネルを制限時間内にひっくり返しチームカラーのパネルを増やすことを楽しむオセロゲームです。チームカラーのパネルが多かったほうが勝ちです。

　はじめる前に「練習タイム」を設けて、ルール確認ができるとより楽しめるでしょう。

事前準備
- カラーパネル：クラス人数分以上（人数より少し多めに準備）
- つくり方：硬めの段ボール紙を子どもの顔の大きさくらいの円形にカットします。両面にそれぞれ違う色の画用紙（円形）を貼りつけます。
- BGM音楽
- ストップウォッチ
- 笛（終了合図）

環境構成

室内：机や椅子を片づけてフラットな空間で遊びましょう。ホールなど広いスペースを使うことも楽しさが増します。

屋外：コンクリートエリアを利用したり、ブルーシートを敷くなどして楽しみます。

パネルを探すことに夢中な子どもたちが衝突しないように注意しましょう。

何度も楽しむうちにパネルが傷む可能性があります。予備を忘れず準備しておきましょう。

- チーム数：2または4チーム（クラスの人数による）
- 人数：各チーム4〜8人

- チーム編成：担任保育者と相談しておきましょう。
- 3・4歳児：あらかじめ決めておきます。
- 5歳児：子どもたちで決めてもらうようにします。

導入
①パネルを提示して、遊び方とルールを説明します。
②チーム分けを行います。
③遊び方とルールを確認します。
※このときは数人の子どもにサポートを頼みデモンストレーションを行います。
④練習タイム：1度みんなで練習します。

実践
①各チーム、スタート位置に座ります。
②笛の合図とともにスタートし、BGMもかけます。
③30秒〜1分で一区切りとします。
④パネルの枚数を数えます。
⑤数回繰り返して楽しみます。
⑥片づけも競争し、パネルを片づけます。

振り返り
「素早くひっくり返していたお友達がたくさんいたね」など、具体的な子どもの姿に触れて共有します。

ⓇPOINT
- パネルは早めに製作し、人数分より少し多めの数を準備しよう。
- 広いスペースを確保しよう。
- チーム編成に時間をかけ過ぎないようにしよう。
- 導入では最初にデモンストレーションをしよう。
- はじめる前にルール（笛の合図が開始と終了、時間外にパネルに触れない等）を確認しよう。
- 前日に実習担当の保育者と進行の最終確認を必ず行おう。

Part 2 活動・遊びを実践してみよう

みんなで楽しむ勝敗のない遊び ──────────── 遊び ⊹ 活動

いくつかな？ ゲーム

　手を叩いた数の仲間を集めるゲームです。勝敗を競うことを楽しむというより、友達と触れ合い、仲良くなることをねらいとした遊びです。

事前準備 　　　**環境構成**
BGM、笛など。　広いスペース

導入
①保育者が数回手を叩き、「いくつかな？」とクイズを出します（数のカウントを確認）。
②手を叩いた数の仲間を集めて座るゲームだということを伝えます。
③練習を行います。

実践
①友達を押さないなどルールを伝えスタートします。
②手を叩く数は、輪に入れない子どもが出ないようその日の出席人数を割り切れる数にします。
③最後はクラスの人数分の手を叩いてみんなで輪になって終了します。

振り返り
「こっちにおいで」「一緒に仲間になろう」「やさしいお友達の姿がうれしかったよ」など保育者の気持ちを伝えます。子どもたちのゲームの感想も聞きましょう。

🅟 **POINT**
・手を叩く役を子どもに交代する場面をつくってみよう。
・室内だけではなく、園庭など外でも遊んでみよう。

───────────────────

実践例 **友達と競い合って遊ぶ** ──────────── 遊び ⊹ 活動

ロープコースター

　ロープに通した輪を一番はじめの子どもから、最後の子どもまで送るゲームです。個人の力に頼ることなく遊びが進むので、さまざまな年齢の子どもが一緒に遊びやすい内容です。

事前準備
ロープ（長縄跳びでも可）、輪（セロハンテープやガムテープの芯等）、BGMなど。

環境構成
クラス全員で丸い輪をつくれるスペースを確保します。

導入
①ロープをヘビに見立てて先端にヘビの顔をくっつけ「今日はこちらのヘビくんと遊びたいと思います」などとイメージを広げます。
②遊び方は実践しながら伝えます。

実践
①子どもたちはあらかじめ輪になって座ります。
②ロープはやさしく扱う、輪は直接手で触らない等のルールを確認します。
③練習を行い遊び方を確認します。
④BGMに合わせてロープコースターを体験します。

振り返り
「次はどのようにできるかな？」など話し合い、次の回への期待感を継続します。さまざまな年齢や要支援の子どもたちとも楽しみましょう。

🅟 **POINT**
・クラス全員で輪になり、ゴールの子どもまでたどり着くか楽しんでみよう。
・チーム対抗で最後の子どもまでの速さを競って遊んでみよう。
・低年齢児や要支援の子どもが一緒の場合は準備などを行い、参加場面を増やす工夫をしよう。また、集中力が継続するよう配慮しよう。

実践例 協力して楽しむ遊び

保護者とボール運びリレー

大人（保護者）と一緒に楽しめるゲームを紹介します。子どもと保護者でボールを運び、次のペアにつなぐリレー形式のゲームでチーム対抗で競います。ボールを落とさないようにしながら、保護者と一緒にゴールを目指します。

事前準備
ボール、布やタオルや風呂敷、笛、カラーコーンなど。

環境構成
スタート・ゴール地点がわかるライン、折り返し地点の目印（カラーコーン等）

導入
①「お家の人と一緒に宅配屋さんに変身してもらいます」と伝え、ボールと布を提示します。
②練習を行います。

実践
①チーム分けは、親子一組を基本とし、きょうだいがいる場合、出走順を工夫します（兄1番、弟8番など）。各チーム10組以内で編成できると待ち時間が短くてよいでしょう。
②スタート線から出ないなどルールを確認します。
③時間を見ながら2回戦ほど行います。

振り返り
子どもたちの感想を聞きます。「楽しかった」という声に対して、具体的に何が楽しかったか、共有できる時間があるとよいでしょう。

POINT
・大人と子どもの身長差があるので、保護者に対して布をもつ位置の工夫を呼びかけよう。
・出走順を待つ時間には、保護者と手をつないで待つなど、触れ合いを大切にしよう。

column 「やりたくない」……こんなときどうする？

「負けたくない」「ルールがわからない」「友達と揉めた」「気分が乗らない」など、やりたくない子どもなりの理由があります。まずは気持ちを聞き、受け止め、本人がどうしたいか一緒に考えていくことが重要です。その子どもの思いが出るまでには時間が必要なため、他の子どもたちの様子も考慮しつつ、実習生の場合は、「やりたくない」子どもの気持ちを大切にしかかわったあと、担任の保育者にその場の対応をお願いします。その後の午後の自由遊びなどの時間で、「気にかけているよ」という気持ちでじっくりとその子どもの気持ちを聞くなど対応してみましょう。そのような大人の姿を、その子どもだけでなく、クラスの子どもが見ています。こうしたかかわりは、子どもにとって、集団内で自己発揮する土台となる安心感につながります。

Let's try ゲームをやってみよう
興味のあるゲームを仲間と一緒にやってみよう。

STEP① 遊ぶ時間を決めて、チーム分けでは、参加人数を確認して公平に分けよう。
STEP② ルール説明は短く、事前に5つ以内に箇条書きして伝える工夫をしよう。
STEP③ 自分も一緒に参加して楽しさを共有しよう。そして、感想を伝え合おう。

Part 2 活動・遊びを実践してみよう

遊び 活動

10 運動遊び

運動遊びの基本

子どもにとっての運動と大人の役割 ──遊びを楽しみながら

　保育における運動遊びは、「遊び」がキーワードになります。**自分の体を使い、遊びの中で、さまざまな動作を楽しむことで、身体的な発達、知的な発達を促します。**

　国立総合児童センターこどもの城（1985-2015）の健全育成のための活動プログラムでは、乳児期の運動遊びについて、自分の力で動くことができるようになってくる子どもの行動欲求を削がないように、大人は一緒に行動し、触れ合いながら、興味・関心の広がりを支えて、ともに遊ぶことの重要性を示しています。また、文部科学省「幼児期運動指針（2012）」では、生涯、健康的に生きるための基礎を培うために、幼児が自発的に取り組むさまざまな遊びを中心として、「（1）多様な動きが経験できるように様々な遊びを取り入れること」、「（2）楽しく体を動かす時間を確保すること」、「（3）発達の特性に応じた遊びを提供すること」、これらの重要性が示されています。

　実習において大切なことは、上記のような内容を踏まえて、**保育者と子どもたちが、どのような運動遊びを楽しんでいるのか、実習前までの経験を探る**ことです。そのためには、子どもたちをよく観察しながら、子どもとかかわっていきましょう。そして、鬼ごっこや、ボール遊びなど、実習生が子どもたちとやってみたいと思っていることに、トライしていきましょう。一緒に遊ぶことで、子どもたちの実態を把握し、部分実習や、責任実習の計画、立案へとつながり、援助方法、配慮事項など、自分の役割をつかむことができるでしょう。

保育者や友達と一緒に体を動かして遊ぶ楽しさ

　運動遊びは、保育者や友達と一緒に取り組める内容が豊富です。先に述べたように、個々の身体的、知的発達を促す面はもちろんですが、**保育者や友達と一緒に遊びながら、他者の存在を理解したり、信頼したり、関係性を築く活動であることを理解した上で**、実践につなげていきましょう。

　実習開始から間もない時期は、子どもも実習生も互いを探り、知ろうとしている段階にあり、このときに一緒に体を動かす遊び（鬼ごっこやボール遊び、リレー、長縄跳び等）や、触れ合い遊びなどを取り入れて、積極的にかかわることで、関係づくりの第一歩となります。子どもたちと一緒に体を動かして「楽しい！」気持ちを共有していきましょう。

運動遊びの種類

　子どもたちが楽しめる、いろいろな運動遊びを紹介します。実習では年齢や発達、経験、活動時間などに配慮して取り入れていきましょう。

いろいろな運動遊び

種　類	運動遊びの例
体そのもので遊ぶ	待て待てハイハイ・かけっこよーいドン・変身かけっこ・鬼ごっこ（引っ越し鬼・高鬼・氷鬼・バナナ鬼・色鬼・十字鬼・まねっこ鬼・増え鬼等）・リレー（けんけんリレー・てつなぎリレー・手押し車リレー・ジャンプリレー等）・けんぱ・影ふみ・かくれんぼ・あぶくたった・むっくりくまさん・ねことねずみ・はないちもんめ・かごめかごめ・だるまさんがころんだ・ケイドロ（ドロケイなど地域によって呼び名は異なる）等
道具を使って遊ぶ	ボール（ボール運び屋さん・ころころ中当て・王様中当て・ドッジボール等）・布タオル（ゆらゆらハンモック・乗ってください・ひらひらキャッチ等）・段ボール（トンネルくぐり）・短縄・長縄（郵便屋さん・一羽のカラス・大波小波等）・フープ・跳び箱・マット・平均台・網・大玉・移動式トンネル・巧技台等
固定遊具で遊ぶ	鉄棒・うんてい・のぼり棒・ジャングルジム・タイヤ跳び等

乳児の運動遊び

乳児の運動遊びは、保育者と触れ合い、安心感をベースにフラットなスペースで動きを楽しむ。

ころころ中当て

３歳以上児向けの中当てを３歳未満児向けにアレンジした遊び。転がってくるボールに当たらないように逃げながら全身を使って遊ぶ。

氷　鬼

鬼にタッチされたら、氷のように固まり、仲間にタッチされたら、氷が解けて動き出せるというルールの鬼ごっこ。

リレー

チームに分かれて全身を使って走ること、競うことを楽しむ運動遊び。次の走者につなぐために、バトン、ループバトンなどを使う。

だるまさんがころんだ

だるまさんがころんだ

「だるまさんがころんだ」のフレーズがおわるまでに前に進む。鬼がいいおわり、振り返ったときに、動いていたら、鬼と手をつなぐ。これを繰り返し楽しむ。昔から親しまれている遊び。

ケイドロ（ドロケイ）

「警察」と「泥棒」の２つのチームに分かれて楽しむ鬼ごっこ。走力、持久力が育つ全身を使った遊び。

発達に応じた保育実践のポイント

　子どもは自分の体を使って遊ぶことが大好きで、少しむずかしい動きにも挑戦したい気持ちをもちます。実習期間で、一人一人の身体能力や発達の特性をとらえることは容易ではありません。実習生も子どもも互いに安全に、また、安心して楽しむために、担任保育者が援助する姿勢をよく観察しましょう。運動遊びは、大人の間接的援助（見守るなど）と、直接的援助（手や体で支えるなど）のバランスが重要です。子どものけがを恐れて直接的援助ばかりでは、子どもに育つべき力が育たず、逆に間接的援助ばかりでは、けがにつながるリスクが大きくなります。年齢ごとのポイントを参考に取り組みましょう。

乳児 保育実践のポイント

- ✅ **運動遊び**：乳児の運動遊びは、子ども自ら動かす経験を大切にして、曲げる、伸ばす、握る、転がる、など動作一つ一つをていねいに楽しめる内容が適している。特にわらべうたやリズム遊びなど、音にのせて遊ぶことでより楽しい、うれしい表情が出てくる。

- ✅ **環　境**：座ったまま手に取って振る、投げるなどが可能なマラカスやカラーボールなどを置く。やわらかくて肌触りのよいおもちゃなどもよい。誤飲防止のため大きさにも配慮する。

- ✅ **実習生**：ゆったりと穏やかな動きでやさしく子どもにかかわる。

1歳以上3歳未満児 保育実践のポイント

- ✅ **運動遊び**：はう、くぐる、ジャンプする、走る、投げる、つかむなど、さまざまな動作が格段に増える。また、少しむずかしい遊び方に挑戦しようとする意欲も出てくる。反復して楽しめる遊び、保育者がパイプ役になり複数の子どもと楽しむ遊びなどを取り入れる。

- ✅ **環　境**：フープやトンネル、三輪車など、さまざまな遊具を用意する。サーキット遊びなど、いくつかの動作を組み合わせて自分の力を試したり、挑戦できる環境を設定する。

- ✅ **実習生**：高い場所の高さの認識や、ものとの距離感などをとらえることがまだ未熟な段階なので、目を離さず、手を添えるなどのサポートを行っていく。

3歳以上児 保育実践のポイント

- ✅ **運動遊び**：3〜5歳児は、人、もの、スペースなどをよく見て、どんな遊びができるか等、自分たちの経験知から、遊びをはじめようとするようになる。しかし、子どもの力だけで思うように進まないところもあり、そこを見極めた援助が重要になる。大人が獲得している動作とほぼ変わりない動作が身についてくるので、多様な遊び方を楽しめるようにする。

- ✅ **環　境**：これまでの子どもの経験や発達、人数に合った広さを用意する。鬼ごっこでは、鬼の目印（帽子をうしろに被るなど）を用いるなどわかりやすくする。熱中症の危険がある季節などでは戸外を避け、室内にマットや移動式鉄棒などを工夫して配置し、楽しめるようにし、水分をこまめに補給する。

- ✅ **実習生**：子どもの動きや友達同士のかかわりを見守り、直接的な援助と間接的な援助のバランスを見極められる力をつけていく。

運動遊びを楽しもう

実践例　決まったルールの中で体を動かして遊ぶ　　　　　　遊び　活動

鬼ごっこ遊び（3・4・5歳児）

　一定時間走り、決まったルールの中で遊びます。持久力や協調性、理解力が育まれる運動遊びです。

事前準備
・ラインカー、笛など
・チームがわかるもの（バッジ、カラー帽子、たすきなど）

環境構成
・人数や発達に合わせてスペースをとります。
・他の遊びとぶつからない場所を確保します。

ネコとネズミ
・ネコチーム、ネズミチームの2つに分かれます。
・保育者が線の真ん中に立ち、「ねーねー……」といっている間に子どもたちは真ん中の線に近づきます。保育者が「ネコ！」と大きな声でいったら、ネコチームはネズミチームを追いかけてタッチ。捕まってしまったら応援にまわります。
・保育者が「ネズミ！」といったら、反対にネズミチームが追いかけます。

影踏み
・天気のよい日、影ができる日に遊び、自然現象とともに楽しみましょう。

オオカミさん今何時？
・オオカミさん（鬼）が「夜中の12時」といったら安全地帯めがけて逃げます。捕まった子が次のオオカミさんです。

🔑POINT
・毎回決まった子どもが鬼になっていやな思いをしたり、遊びが継続しない状態にならないように配慮しよう。そのようなときはどうするか、子どもたちと一緒に考えていこう。
・運動することと同様に休憩も大切にし、水分補給などを入れながら遊ぶようにしよう。

実践例　ボールと親しみながら遊ぶ

玉入れ（1・2歳児）

　ボール（玉）＋○○の環境をつくり、ボールと親しみながら投げる、転がす、追いかける、運ぶなどの動作を、玉入れのおもしろさとともに楽しんでいきます。

段ボール箱にボールを入れる

保育者のカゴにボールを入れる

配慮

・BGM を流し、音楽が止まったら投げるのを止めるなど、わかりやすい進め方が大切です。
・ボールを共有することはむずかしい年齢なので、ボールは1人1個以上準備します。
・保育者が遊びをリードして、段ボールやカゴを動かし、ボールを入れやすくする工夫が必要です。
・公園などにボールを持参して遊ぶときは、転がったボールを追いかけ道路に出てしまうこともあるので目を離さないようにします。

POINT

・ボールの動きに合わせて運動を調整するなど、ボールの特性を利用して全身運動を経験しよう。
・玉入れなどのボール遊びを介してコミュニケーションを深めよう。

実践例　大縄跳びでさまざまな跳び方を楽しむ

大縄跳び（3歳児以上）

　縄跳びに大切な「跳ぶ」動作を遊びながら獲得できるよう進めます。

①ロケット
「ロケット発射」などのかけ声で縄を高く引っ張り、まわりをぐるぐる回って遊ぼう。

②トンネルくぐり
動くトンネルをくぐろう。回っている縄のタイミングを計り走り抜けて遊ぼう。

③縄の波跳び
揺れている波をジャンプして踏まないように遊ぼう。

④回転縄跳び
最初はゆっくり跳んでコツをつかみ、跳ぶリズムを覚えよう。

配慮

・乾燥している日は、砂が舞うのを防ぐために園庭に水をまいておきましょう。
・長縄遊びで子どもが縄に引っかかったときは、保育者はもっている縄の力をゆるめてけがのないようにします。
・縄の片づけ方を保育者と一緒に覚えていけるようかかわりましょう。

POINT

・①〜④の順で子どもが縄を怖がらないように遊びを進めよう。
・ヘビ跳びや波跳びで遊ぶ場合、子どもの様子で縄の揺れ、波の大きさなどを調整して楽しもう。
・大縄跳びは跳ぶリズムが大切。保育者と手をつなぎ、エアー大縄からスタートしてみよう。
・順番を守ったりゆずり合う経験を重ねよう。

冒険ごっこ

　巧技台、マット、はしご、トランポリン、フープなどの遊具を使って冒険遊びを楽しみましょう。年齢によって高さやコース設定を変化させましょう。要支援の子どもなども保育者の援助のもと、一緒に遊んでみましょう。同じ空間で同じ遊具を共有することから、クラスの子どもたちは、要支援の子どもが自分の力でできることとサポートが必要なことを知っていきます。

巧技台：跳び箱、はしご、すべり台、平均台等が含まれる組み合わせ型の遊具

配慮

・複数の子どもがそれぞれの動きを楽しんでいるので、見守り役の保育者は2人以上つきましょう。
・要支援の子どもは順番を守るなどが苦手な場合があります。その都度まわりの子どもたちと保育者と一緒に考えていき、経験を互いに重ねましょう。

POINT

・組み合わせのパターンが多いので、さまざまに変えて楽しもう。
・多様な動作や遊び方を実践したり、何度でもできる反復性が特徴なので、さまざまな遊び方で楽しもう。

Part 2　活動・遊びを実践してみよう

---

column　　クラス対抗リレーで勝敗より大切なことって？

　筆者が5歳児クラスの担任だったときの運動会。最終種目はクラス対抗リレーでした。運動会の取り組みをはじめたばかりのころ、負けても「明日は勝てるといいね～」など、他人事のような言葉が飛び交っていました。ところが毎日、負け続けると、「やりたくない」「どうせ勝てない」といううしろ向きの子ども、「練習したらいいんじゃない？」「走る順番を変えてみたら？」と前向きな子どもと、それぞれの思いが混在しました。話し合うと、「勝ちたい」という子どもたち。みんなで考えて、秘密練習や作戦会議を重ねましたがなかなか勝てません。気持ちが滅入りますが、毎日、対話を繰り返しました。そんなある日、Sくんが「がんばって（るけど）負けた、がんばらないで負けたんじゃない」といいました。その一言で、みんな悔し涙が流れ、クラス中が泣き出したのです。その後「○くんの手の振りがよかったよね」「△ちゃん速くなったね」などよい点を見つけ合う姿が増えました。勝敗より大切なものを子どもたちが教えてくれた、そんな運動会でした。

Let's try　　いろいろな運動遊びをしてみよう

子どもたちとやってみたい運動遊びを仲間同士で、保育者役、子ども役になって取り組んでみよう。

- -

STEP ①　安全なスペースを確保しよう。
STEP ②　ルールを確認しよう。説明時間は短く、わかりやすく伝えよう。
STEP ③　見守る援助と手や体で援助する場面をとらえながら進め、感想を伝え合おう。

絵画遊び

絵画遊びの基本

　保育実践の中で絵画遊びは、**素材や道具そのものを楽しむ活動でもあり、子どもたちの体験や経験・そのときどきの気持ちを表す時間としてもとらえることができます**。絵画遊びでさまざまな道具や素材に触れて何かを思いきり表現できることは、言葉をもたない時期の子どもにとっても、感覚と言葉をつなぐ大切な経験となります。

　絵画遊びでは、「道具」や「素材」を使って「どのように描くか」を考えることで、子どもに合わせた方法でのびのびと描く楽しさを味わえます。線を描く・色をつける「道具」として、色鉛筆、パステル、クレヨン、絵の具、スタンプ、水性ペン、油性ペン、鉛筆やボールペンといった具合に多様にあります。さらに保育実践の中で色をつけることと相性のよい素材を使い絵画遊びを楽しむことが多くあります。比較的、簡単に色がついて扱いやすいクレヨンでも、道具と素材の使い方で作品の幅が広がります。紙に自由に描くだけではなく、スクラッチやはじき絵になるなど多様に発展できるのです。画用紙、段ボール、新聞紙、折り紙、廃材等といった道具と素材の組み合わせを変えることで、そのときにしかできない作品にもなります。目の前にいる子どもたちに合わせて活動を考えていきましょう。

　絵画遊びを実習で行う際に「○○をつくる」ことを目的にして、「この時間内につくりおわらなければならない」とあせってしまうことがあると思います。しかし、つくることをゴールにしてしまうことで、描く過程を楽しんでいる子どもの姿を見逃してしまうことがあります。絵の具そのものに触れて「やわらかい」「いろんな色がある」「水に溶ける」等、道具や素材のおもしろさや使う楽しさを味わっているときに、「次はこうして、ここに色をつけよう」とつくることをゴールにして作業を限定しすぎてしまうと、「新しい発見」を十分に楽しむ時間が減ってしまいます。もちろん意図して目的のある活動をすることもありますが、**子どもたちの「もっとやってみたい」「絵を描くことが楽しい」という気持ちを引き出し、自主的な姿につながるようかかわることが必要**になります。

　実習生として限られた時間の中で絵画遊びを計画することはとてもむずかしいことだと思います。しかし、実習生が素材や道具のおもしろさを知り、絵画遊びを存分に楽しめるように工夫することを意識することで、「させる」ことから「一緒に楽しむ」活動へ転換できますので、さまざまな方法を考えていきましょう。

絵画遊びの種類

　素材と道具の組み合わせによって、作品の幅がぐんと広がる絵画遊びについて、ここでは保育でよく扱われる実践例を紹介していきます。

●自由に描く（一つの素材）

①紙を用意する
②使用したい道具を用意する
③好きに描く

●自由に描く（複数の素材）

①紙を用意する
②クレヨンや絵の具など使いたい道具を複数用意する
③好きに描く

●デカルコマニー

①折り目をつけた紙を用意する
②折れ線の片方の面に絵の具をつける
③紙を折りたたみ、手でしっかりとこする
④開くと両側に模様ができる

●染め紙

①和紙やコーヒーフィルター等と溶いた絵の具を用意する
②和紙等を好きな形に複数回折る
③折った角を好きな色の絵の具に浸ける
④開いて乾かす

●スチレン版画

①発泡スチロールにサインペンで絵を描く
②インクをつける
③紙を上から被せこする
④紙をそっと取ると版画ができる

●スタンピング

①画用紙とスタンプとして使うものを用意する
　例：野菜スタンプ、タンポ、スポンジ、等
②スタンプに使用するものに絵の具をつけて画用紙に押しつける

●ビー玉転がし

①箱の中に紙を入れる
②絵の具を用意し、ビー玉を入れ、色をつける
③ビー玉を取り出し、箱の中で転がす
④箱の中に入れた紙を取り出す

●ローラーを使う

①平らな入れ物に絵の具を溶いておく
②ローラーに絵の具をつける
③画用紙等にローラーで色をつける
④乾いたらその上にクレヨンなどで描くこともできる

●スクラッチ

①画用紙に色をつける（濃く描く）
②上から黒色のクレパス®等で塗りつぶす
③つまようじや割りばしを削ったもの等を使い、ひっかくように削って描く

●ブラッシング

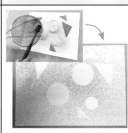

①ぼかし網、歯ブラシ、絵の具、型紙や葉などの型を用意し、画用紙の上に型を置く
②歯ブラシに絵の具をつけ網をこする
③絵の具が乾いてから型を外す

発達に応じた保育実践のポイント

　絵画遊びは苦手意識のある子どももしばしば見かけます。「させる」絵画遊びで強制し「やりたくない」という気持ちが育ってしまわないよう、関心が高まるような環境づくりが必要です。また、発達の状況によっては、楽しめるものやつまらないと感じるものがあります。子どもの発達に合わせた絵画遊びができるように配慮しましょう。

乳児 保育実践のポイント

- ✅ **絵画遊び**：0歳後半以降を目安に誤飲・誤食につながらないような大きさの道具や素材に触れ、質感や色合い、形などの変化を楽しむ。

- ✅ **環　境**：一対一のかかわりを基本として、ゆったりと子どもが自ら触れたり試したりすることができる環境を用意する。

- ✅ **実習生**：一人一人の発達に応じて遊ぶことを基本とし、色合いなどを目で楽しんだり、道具の硬さ、やわらかさで質感を感じたりできるようにする。

1歳以上3歳未満児 保育実践のポイント

- ✅ **絵画遊び**：握って動かすことができる道具や素材を使って、自由に塗ったり描いたりすることが楽しめるようにする。

- ✅ **環　境**：のびのびと表現できるように、子ども一人一人が使える量の道具や素材を用意したり、広い場所で一緒に描いたりできるようにする。絵の具を色ごとに溶いておいたり、すぐに拭けるようにぬれた雑巾をいくつか用意したりしておく。

- ✅ **実習生**：クレヨンなどは、小さい容器に入れ取り出しやすいようにする。子どもが存分に使える素材を用意する。絵を保管する場所を保育者に確認しておく。画用紙の裏に名前を書く。絵に関する子どものつぶやきやどのようなものを書いたのか鉛筆で小さくメモする。

3歳以上児 保育実践のポイント

- ✅ **絵画遊び**：指先の動きも発達していることから、はさみやのり、テープなど左右の手を別々に動かす作業に取り組めるようになる。日常で見たり経験したりしたことを絵に表現するなどストーリーがはっきりとある場合もある。版画のように、土台をつくり色を塗って、紙を押し当てるといった複数の手順がわかり楽しめるようにもなる。

- ✅ **環　境**：3歳から5歳クラスになるにつれて、自分たちで準備や片づけを身につけていける。準備と片づけの手順をわかりやすく示したり、もののある場所が視覚的にわかるように工夫するとよい。

- ✅ **実習生**：導入が説明だけにならないよう楽しんで取り組めるように工夫する。絵画遊びのねらいに沿って準備物がそろっているか、また片づける場所も確認する。1人1つ絵画セットやクレヨンなど道具がある場合も、作業するスペースが確保できているかや他児のものを使っていないかを確認しながら行う。

絵画遊びを楽しもう

実践例 クレヨンで描いて遊ぶ 遊び 活動

　画用紙などに思いきり自由に描くというのは、とても心地よく充実感も味わえる経験になります。クレヨンを紙にこすりつけたときの感触を存分に味わい経験を重ねていくことで、「楽しい」気持ちが芽生えていきます。保育者は、ときに「もっとここに描いてほしい」や作品のできばえを気にすることがありますが、「この色が好きだな」「この形がおもしろい」など子どもが表したそのままの状態をともに楽しみ、心地よい感覚を一緒に味わっていきましょう。

事前準備
・クレヨン、クレヨンを入れる箱（3歳未満の場合）、画用紙、テーブルシート、鉛筆
・子どもたちが十分に活動できる量や質の素材と道具を用意する
・おわった子ども用におもちゃ、絵本など

環境構成

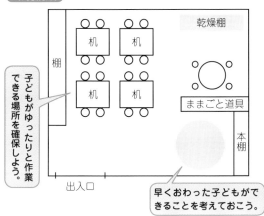

子どもがゆったりと作業できる場所を確保しよう。

早くおわった子どもができることを考えておこう。

導入
　活動の導入は子どもたちが「やってみたい」気持ちになるように心がけましょう。「○○と□□を使うとどんなのができるかな？　ちょっとやってみるから見ていてね」と遊びに興味がもてるように工夫しましょう。

展開
・ロール模造紙やブルーシートを用意して、大きな紙に描きます。
・のびのびと描くことを楽しめるように、汚れてもよい服で外やホールなど、広い場所で描きます。
・絵の具と組み合わせて、はじき絵として描きます。

あと片づけ
・乳児：子どもが描きおわったらすぐに、保育者が速やかにクレヨンを片づけます。
・3歳未満児：保育者が率先して片づける様子を見せつつ、子どもも意欲をもって一緒に片づけられるように言葉をかけます。
・3歳以上児：自分で自分のものをしまう習慣につながるように、出しっぱなしのものはないかや友達のものを自分の箱にしまっていないか確認を促しながら一緒に片づけます。
・保育者：作品の裏に子どもの名前と日付を書きます。新聞紙の間にしまい、作品が汚れないよう気をつけます。

POINT
・描くスペースを十分に確保しよう。
・自由画を描く場合は、存分に楽しめる量の材料を用意しよう。
・課題画を描く場合は、道具の使い方や手順を説明し伝わりやすいように見本を用意しよう。
・片づけも遊びに発展するとおもしろい！　ものの場所を決めておき、子どもたちが片づけられるよう工夫しよう。

実践例 絵の具に触れて遊ぶ

フィンガーペインティング・ボディペインティング

指や手に絵の具をつけて絵を描くフィンガーペインティング、体に絵の具をつけて描くボディペインティングは自分の体を使って楽しめる遊びです。

指や手、体につけることでぬるぬるした感触、水に溶けていく変化、色が混ざり合う様子など、色彩のもつ魅力が味わえ、子どもにとっての気づきもたくさんあるでしょう。

環境構成

ボディペインティングは水道の有無、紙や雑巾、ブルーシートなどの準備や片づけの手順も考えておきましょう。

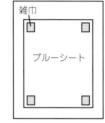

雑巾

ブルーシート

乳児への配慮

手形や足形をすることがありますが、「赤色だよ」「お手々に塗るね」など言葉にしながら塗っていきましょう。「○○ちゃんのだよ」と目で楽しみ感触を知っていくことで、これからの絵画遊びにつながる経験になります。また、乳児の手形、足形をとる際には、口に入ったとしても大丈夫なように食紅を使うとよいでしょう。

POINT
・十分なスペースをとり、事前に保護者にも伝え、汚れてもよい服装で実践しよう。
・感触を言葉にして絵の具のおもしろさを保育者が伝えよう。
・手や体についた色を拭けるようぬれたタオルや雑巾を用意しよう。

実践例 さまざまなスタンピングを楽しむ

タンポ・野菜・スポンジ

タンポ 1歳以上3歳未満児は、道具（タンポなど：右写真）を握ってもち、動かして絵の具をのばすこともできるようになります。

野菜 野菜を切って絵の具をつける野菜スタンプも楽しい遊びです。園で育てた野菜を収穫するところから遊び・活動の一つとして導入できます。「野菜の切る前と切ったあとの形」を知ることもでき自然物への興味につながります。数種類の野菜を用意して、「形がちがうね」など言葉をかけながらつくってみるとよいでしょう。

スポンジ 食器洗い用のスポンジをそのまま使用しても、小さく切る、好きな形に切るなどしても楽しめます。

環境構成
絵の具はやりたい子どもが数名で挑戦できるよう十分な広さがあるコーナーにすると、ゆったりと集中して遊べる環境になります。ぬらした雑巾をそばに用意して、子どもが必要なときに自分でも手を拭けるようにするとよいでしょう。

POINT
・絵の具1に対して、水3〜5くらいがちょうどよいゆるさのため、目安にしよう。
・子どもが使いやすい場所を考えて、道具を配置しよう。
・楽しめる量の材料を用意しよう。

絵の具をつける前に使う道具を見せたり、筆や刷毛(はけ)を触ったり、もち方などを知らせたりすることで、安心できる子どもや見通しがもてる子どももいるでしょう。さまざまな大きさや形の筆や刷毛に触れることも絵画遊びの一つのきっかけとなります。

準備物
・筆 ・刷毛

環境構成
・乳児から3歳未満児は筆を口に入れて噛んだりして誤飲につながらないようにしよう。
・3歳以上児や要支援の子どもは自分で手に取って自由に確かめたり触れたりできるように置いておこう。

筆や刷毛に慣れたら、絵の具をつけて絵を描くなど遊んでみよう。

手に塗ってもおもしろい！

🐘POINT

・乳児は「いっぽんばしこちょこちょ」などの普段からうたっている歌に合わせて筆に触れるようにしてみよう。
・遊びをいやがる子どもには、保育者が絵の具に触れて遊ぶ姿を見せたり、他の子どもが活動している様子を見てから参加するように配慮しよう。

🐘column　さまざまな道具や素材を知る ―「クレヨン」と「クレパス®」の違い―

クレヨンとクレパス® は同じ棒状の絵画材料で、顔料をロウとオイルで固めたものです。クレヨンは硬く、色が定着しやすく、手に色がつきにくく、艶があることが好評で使われていましたが、その性質上すべりやすく、線画が中心になってしまうことが課題でした。クレパスは、パステルのように画用紙の上で混色したりのばしたりできる性質と、クレヨンのような色が定着しやすく、手にもって描いても色がつきにくいなど両方の特徴を兼ね備えたものとしてつくられました。よって、クレヨンの「クレ」とパステルの「パス」を併せて「クレパス」という名称になったのです。クレパスはやわらかく塗りつぶす・面を塗ることが得意な一方、クレヨンはやや硬く、線画を描くことに向いているため、用途によって使い分けるとよいでしょう。

Let's try　絵画遊びをし、おもしろさを共有しよう

野菜スタンプなど、身のまわりのものを使用して絵画遊びをし、つくったもののおもしろさなどを共有してみよう。

STEP① 野菜スタンプで作品をつくってみよう。
　　　・どの野菜を使い、なぜ選んだのか、仲間と共有し合おう。
　　　・作品をつくるとき、どのようなことに気をつけると子どもは行いやすいか等、気づいたことを仲間と話し合おう。
STEP② 身のまわりのものを使って、絵画遊びを何種類かつくってみよう。
　　　・苦手な子どもはどうしたらよいか考えてみよう。

Part2 活動・遊びを実践してみよう

12 製作遊び

製作遊びの基本

身近な素材でつくる

みなさんは幼いころ、自宅にある空き箱やトイレットペーパーの芯などを使って、製作を楽しんだ経験があるのではないでしょうか。

製作遊びには、身近な素材が欠かせません。トイレットペーパーやペットボトル飲料、ティッシュペーパーなど、生活の必須アイテムがその役割をおえたあと、遊び道具として復活するので、持続可能な社会、SDGs を意識した遊びともいえるでしょう。**乳幼児期から、ものを大切にする考え方、大人の姿に触れることは、とても重要なことです。**

製作遊びに取り入れる素材や道具、負担なく購入できる材料には、どのようなものがあるでしょうか。下の表を見てみましょう。

身近な廃材	牛乳パック・ペットボトル・プリンカップ・卵パック・食品トレー・ティッシュペーパーの空き箱・お菓子類空き箱・段ボール・新聞紙・布・セロハンテープ芯・ガムテープ芯・トイレットペーパー芯・ボトルキャップ等
園にある素材	画用紙・折り紙・お花紙・セロファン・不織布・クレープ紙・PE テープ・カラービニールテープ等
園にある道具	はさみ・カッター・のり・ボンド・セロハンテープ・クラフトテープ・両面テープ・クレヨン・絵の具・マーカーペン・色鉛筆等
購入しやすい材料	紙コップ・紙皿・ストロー・割りばし・毛糸・フェルト・ビーズ・スパンコール・マスキングテープ・丸シール・クリップ等

つくって遊ぶ・つくって飾る ―自分だけのオリジナルを楽しむ

製作遊びは、つくる過程はもちろん、その後、つくった作品で遊んだり飾ったりして、**つくる楽しさから、遊ぶ、鑑賞するおもしろさへ変容するプロセスを経験できることが特徴**です。つくったもので遊んでは、壊れた箇所を直し、創意工夫して形を変え、降園時間には、保育室のお気に入りの場所に置いて（飾って）帰る子どもの姿はめずらしくありません。自分だけのオリジナルを追求する子どもの姿を大切に育み、実習では「つくって遊ぶ」機会から、子どもたちとともに成長しましょう。

はさみなどの道具の使い方は発達に応じて身についてくるものです。素材と道具を合わせて製作を楽しめるよう子どもたちの育ちに適した活動や遊びを取り入れたいものです。そのためには試作を通した教材研究が欠かせません。何度も試しながら充実した活動や遊びにしましょう。

製作遊びの種類

　責任実習での主な活動には製作活動が候補にあがることが多いです。身近な素材を使って、つくる楽しさ、遊ぶ楽しさを味わえるように進めましょう。

● **紙コップ製作**：紙コップは比較的入手しやすい素材です。コップの形や、使われている紙の性質を生かして製作を楽しみましょう。

紙コップけん玉	紙コップ腕時計
紙コップに毛糸を垂らし先端に新聞紙ボールをつけて遊ぶ。接着は強めにしておこう。 	紙コップを腕時計型に切り好きな色や模様をつける。ベルトに好きなイラストなどを描いて楽しもう（本書 p.92 参照）。 

● **紙皿製作**：製作材料として一度に多くを準備しやすい素材です。紙皿特有の形、まわりのギザギザ部分を上手に使って製作を楽しみましょう。

紙皿サンバイザー	紙皿ブーメラン
紙皿をつばの形に切り模様などを描く。バンド部分は、画用紙でつくる。帽子ショーなどもおもしろい。 	紙皿に色を塗り、フチの部分に切り込みを入れ、互い違いに折ったら完成。ホールや園庭、広い場所で飛ばそう。 

● **牛乳パック製作**：家庭で馴染み深い牛乳パックが遊び道具に変身する過程を子どもたちと一緒に楽しみましょう。水に強く厚手で丈夫な材質が特徴的です。

牛乳パック円盤	牛乳パックコマ
牛乳パックを丸く切り、同じ形の画用紙を貼り強度を出す。1か所に切り込みを入れ、輪ゴムをつけた割りばしで飛ばす。 	牛乳パックの底を切り色をつける。もち手にペットボトルキャップをつけ完成。誰が長く回せるか競おう。

● **トイレットペーパー芯製作**：トイレットペーパーの芯は、円柱で中は空洞なのが特徴的な形です。最近は、やわらかい芯から硬めの芯と種類もいくつかあるので、製作に合ったものを選びましょう。

ロケット	双眼鏡
ロケット本体は折り紙や画用紙で羽などをつけて、輪ゴムを装着する。発射台を使って発射！（本書 p.91 参照） 	芯を2つつけ、首紐をつけて完成。折り紙やシールを貼る。レンズ部分はセロファンをつけるとおもしろい。 

● **乳児向け製作遊び**：乳児向けの製作遊びは、手順が少なく簡単かつ、完成が視覚的にわかりやすいものを選びましょう。活動中の誤飲などには十分注意して進めます。

手づくりジュース	シール遊び
ペットボトルに水を入れ、子どもが選んだ色の食紅を保育者が入れる。子どもが振って、色の変化を楽しむ。 	シールを貼る土台（イメージしやすいアイスや風船等）を準備し、好きなシールを貼り楽しむ（本書 p.92 参照）。 

発達に応じた保育実践のポイント

　製作遊びは、子どもの発達段階に応じて内容を選ぶことで、つくる楽しさ、遊ぶ楽しさが生まれます。製作過程が簡単すぎても魅力がなく、逆に、難易度が高すぎると創作意欲が低下してしまいます。各年齢の子どもたちは、普段の園生活において、はさみやのり、テープなどの道具をどのくらい使っているのか、廃材などの身近な素材は子どもたちが手に取れる場所にあるかなど、実習初日からよく観察しましょう。子どもたちの遊び方、生活の様子をとらえることがとても重要です。

0歳児 保育実践のポイント

✓ **製作遊び**：0歳児は、「つくる」という感覚より、素材に親しむ、触れてみる、その結果、作品ができたよ、というプロセスを大切にする。保育者と一緒に絵の具に触れて、手形や足形を生かした作品は、素材を楽しめる製作遊びとなる。

✓ **環　境**：保育者と子どもが一対一でかかわり製作を行う。バスタオルやぬれタオルなどあらかじめ準備しておくとよいが、感染症などの流行時期は共有しないように気をつける。

✓ **実習生**：絵の具などその日の朝に準備するものがある場合、時間に余裕をもって出勤し、実習担当の保育者とその日の流れを必ず確認する。教材の誤飲などがないように環境を整える。

1歳以上3歳未満児 保育実践のポイント

✓ **製作遊び**：描く、貼る、ちぎるなどの活動を楽しめるようになってくる。また自分でつくったもので遊ぶ経験もスタートする。一人一人への援助が必要な段階なので、一斉に行わず、時間をとって、数人ずつ楽しめるようにする。

✓ **環　境**：1人あるいは数人で、落ち着いて製作を楽しめるように、保育室の真ん中ではなく、コーナー寄りに机や椅子を用意する。活動中に出たゴミを捨てる箱なども準備して、片づけの意識も芽生える環境を用意する。

✓ **実習生**：つくったあと飾るスペース、または、お店屋さんごっこなどに取り入れるケースなど、遊んだあとまで子どもが思い出したり楽しめるように考える。

3歳以上児 保育実践のポイント

✓ **製作遊び**：集中する時間も徐々に長くなる。また、切る、貼るなどの複数の手順を組み合わせて製作し、自分なりの工夫やこだわりをもつようになる。つくった日だけではなく、翌日も遊んだり、継続して取り組むため、保管の仕方を指導したり、展示を工夫したりする。

✓ **環　境**：教材は1人1セットや人数分の準備ではなく、あえて友達と共有する設定にすると、譲り合いや順番で使うことを覚えていく。製作過程を子ども同士が見合えるように座席設定を考慮し、汚れを気にしないよう机には新聞紙などを敷くようにする。

✓ **実習生**：つくる製作物のモデルを見せながら、「しっかり貼りつけよう」「隙間なく塗ろう」など気をつける部分は強調してつくり方の説明をするとわかりやすい。また、準備や片づけは子どもたちと一緒に行うようにし、製作物で遊ぶときのルールは、あらかじめ伝えておく。

製作遊びを楽しもう

実践例　動くおもちゃをつくって遊ぶ　　　　　　　　遊び　活動

芯ロケット

　トイレットペーパーの芯を使ってロケットをつくって遊びます。4〜5歳児向けの活動ですが、つくったロケットにペイントしたり、シールを貼るなどの活動は、2〜3歳児も楽しめます。遊ぶときには「人に向けない」などルールを決めましょう。

事前準備
セロハンテープ
はさみ
クレヨン
マーカー
丸シール
折り紙
輪ゴム
芯2つ

材料は多めに準備します。机の上は広いスペースを確保します。

環境構成

△や〇の形に切っておきます。

各机にカゴを用意して丸シールや折り紙などを人数分準備しておきます。

ロケットのつくり方

① 芯に4つの切り込みを入れます。

② 切り込みに×の形で輪ゴムをかけます。

発射台のつくり方

① 芯を縦に切ります。

② ロケットより少し小さくなるように丸めセロハンテープで留めます。

切り込み部分が下

あらかじめ切った折り紙を芯に貼ります。翼や模様をつけて装飾します。シールやクレヨンで描いてもよいでしょう。

押し込んで……　発射！

遊び方

　発射台をロケットの輪ゴム部分に当てて押し込みます。ぱっと手を放すと……。
　年齢や活動時間によっては、発射台はあらかじめつくったものを配布しましょう。

遊ぶ場所

　つくりおえた子どもから戸外やホールに移動して遊んでみましょう。

POINT
・主な活動で取り入れる際、ロケットの土台（発射台）部分まで子どもたちが製作するのは、活動時間を考慮するとむずかしい場合は、あらかじめ、実習生がつくっておこう。
・子どもたちがロケットの翼をつけたり、模様を描く過程が楽しめるようにしよう。
・つくったロケットで遊ぶ時間と場所も活動内に設定しよう。

実践例 保育者と一緒につくって楽しむ

アイスキャンディーづくり

　丸シールやクレヨンをアイスのトッピングに見立てて、自分だけの味にする活動を楽しみましょう。乳児クラスの子どもたちも、保育者と一緒に楽しめる内容であり、また、できあがった作品で遊んだり、飾ったりできます。

事前準備 アイスキャンディー（画用紙）、クレヨン（３歳未満児は太めのもの）、丸シール

つくり方

①

画用紙のアイスキャンディーの型を選びます。

②

クレヨンでチョコレートソース、イチゴソースなど味つけをしましょう。

③

仕上げに丸シールでつぶつぶトッピング。おいしく召し上がれ！

遊び方

・できたアイスを並べてアイス屋さんごっこをしてみましょう。
・友達同士でアイスを食べるまねっこ遊びをしてみましょう。
・つくったアイスを壁面などに飾ってみましょう。夏に飾ると、保育室も涼し気になります。

POINT

・いろいろな味を想像できるように、シールのカラーは３色以上準備をしておこう。
・「おいしそうだね」「たくさんすてきに貼れたね」など、一人一人の作品のよさを言葉にしてていねいに伝えよう。
・土台の型を大きめにつくり、クラスみんなで貼って、集団の作品をつくってみよう。季節の壁面など、子どもの作品で保育室の環境を整えてみよう。

実践例 つくったものを身につけて遊ぶ

紙コップ腕時計

　つくって遊ぶ製作活動には、こちらの腕時計のように、身につけて遊ぶ活動もあります。自分だけのオリジナルアイテムを身につけて、イメージ豊かに遊ぶ姿へとつながる活動にしましょう。

事前準備 紙コップ、サインペン、画用紙、テープ、カッター

つくり方

①

画用紙からベルトの分（20cm × 3cm）を切り、紙コップの底から高さ1cmのところで切ります。

②

紙コップの底にサインペンで好きな柄や絵を描きます。

③

切り込みを入れるところに印をつけます。

④
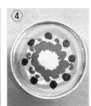
ベルトの幅より左右2mmのゆとりをもってカットします。

⑤

絵を描いたベルトを通して完成です。

POINT

・カッターを使う手順では実習生がつき、ていねいにかかわることが大切！　カッターは実習生と使おう（カッターなど刃物を使う際はかならず実習担当の保育者に事前に確認する）。
・主な活動より自由遊びの時間などに取り入れてゆったりつくってみよう。

実践例	手順がわかりやすくみんなで楽しめる製作物をつくって遊ぶ

ぐるぐる凧

　画用紙と紐を使って、つくって遊べる製作活動です。製作の手順も多くないので、2歳児以上のクラスで取り入れることができます。つくったあと、園庭で走ってぐるぐる回転する凧の様子を楽しみましょう。

事前準備　クレヨンなど、画用紙、はさみ、毛糸、セロハンテープ

つくり方

先端のもち手は輪っかにします。

①
②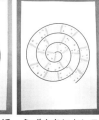
③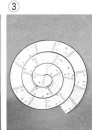
④
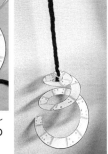

① うずまきを画用紙に描きます（保育者が用意する）。
② うずまきにクレヨンなどで模様を描きます。
③ はさみでうずまきに沿ってぐるぐると切ります。
④ 真ん中に30〜40cm程の長さの毛糸をつけます。

POINT

・らせん状にはさみを入れるとき、年齢によって援助を行おう。

遊び方

　輪っかを手首に入れて、さあ、外を走ってぐるぐる回る凧の動きを楽しみましょう。

column　つくる時間の個人差……こんなときどうする？

　製作活動を責任実習で取り入れる場合、いえ、普段の保育でも必ず考えること……それが、製作活動を一斉活動時間に設定したときに起こる、製作時間の個人差です。

　活動のスタートは一緒でも、子どもたちは一人一人「こうやってつくりたい」「ここの模様はもっと細かくしたい」など、つくりながら、やりたい気持ち、工夫したい部分が見つかってきます。製作を楽しみながら、自分の思いを実現しようする気持ちを大切にしましょう。

　製作活動における個人差は、子どもが一人一人違い個性があることの表れです。実習生としては、時間内におわらずあせったりするかもしれませんが、子どもの「やりたい」の表れとポジティブにとらえましょう。ただし、準備物の不足や環境の設定不足によって、スムーズに進まなかったところがあった場合は、課題点を考え今後に生かせるようにしましょう。

Let's try　材料を選んで製作し、作品で遊んでみよう

子どもたちと一緒につくってみたい製作物を材料の準備段階から考えて、実際につくってみよう。その後、次の点について考えてみよう。

STEP ①　準備段階で工夫すべき箇所は見つかったかまとめてみよう。
STEP ②　製作過程で楽しいと感じた部分はどこかまとめてみよう。
STEP ③　つくった作品で遊ぶときの楽しさは何か考えてみよう（子どもが何を楽しいと感じるのか）。

Part 2　活動・遊びを実践してみよう

13 折り紙

折り紙の基本

折り紙とは

　折り紙とは、紙を折って動物や植物、季節の飾りなどをつくる遊びです。一方でその紙も折り紙と呼ばれ、さまざまな種類の折り紙があり、折る作品に合わせて選んで楽しみます。紙の形は、一般的には正方形ですが、つくるものによって長方形などの紙を使うこともあります。紙以外に道具を使うことはほとんどなく、**場所も取らず気軽にもち運びができるため、子どもにとっては遊びやすい遊びの一つといえるでしょう。**

　折り紙は、指先を使って細かい作業をしながら楽しむため集中力や想像力、色彩感覚や空間認知力などを高めたり、大人や友達に教わることでコミュニケーションを楽しんだり、大切な人を思い千羽鶴を折る心を込めた作品もあり、さまざまな魅力があります。

　保育者が、「山折り」「谷折り」「蛇腹折り」などの折り方を、子どもと実際に折り紙を楽しみながら言葉で伝えていくことで、子どもは自然に覚えていきます。教えるというよりは、**保育者と子どもが一緒に折るプロセスを楽しみながら、完成したものを飾ったり遊んだりする喜びや満足感を大切にしたいもの**です。また、包装紙なども活用して、折り紙の枚数を制限することなく、繰り返し楽しめるような環境づくりを大切にしましょう。

日本の文化を継承する

　みなさんも幼いころから親しんだ折り紙という遊びは、一説では平安時代に起源があるといわれている、日本の伝承遊びの一つです。世界においては芸術的にも高く評価されていて、国際語として「origami」と日本語表現と同じように記されています。また、折り紙は、数学とも深く関係している遊びともいわれていることから、折り紙の遊びの奥深さがあることも理解できます。しかし、近年では家庭において折り紙を楽しむ機会も減っており、保育施設において折り紙を楽しむことは、**子どもの育ちにもつながるとともに重要な文化の継承をしている**ともいえるでしょう。

折り紙の種類と折り方

　現在、折り紙は実にさまざまなものがあり、折り方についても折り紙ならではの用語も出てくるため、ここでは、折り紙の紙の種類や折り方について紹介します。実習生が、折り紙を活動として取り入れる際には、活動や遊びに合わせた折り紙を選択して、子どもとのやりとりの中で折り方の言葉もていねいに伝えていくようにします。

折り紙の種類

●洋　紙
・保育施設でよく使われている折り紙です。表面は色つき・裏面は白地のものが一般的です。
<両面折り紙> 表面・裏面に異なる色があり、2色の色が出て鮮やかになります。
<模様の折り紙> 水玉・伝統柄や幾何学など模様がプリントされた折り紙です。
<キラキラ折り紙> 金・銀など光る折り紙。子どもにとても人気があります。

●和　紙
・園の行事として七夕やひなまつりなど日本の伝統行事の活動や遊びで活用します。
<楮紙（こうぞし）>「姫楮」「鶴楮」を原料とした和紙で、障子紙など破れにくい和紙。
<揉紙（もみがみ）> 揉んでやわらかい感触をつけた紙。
<千代紙（ちよがみ）> 友禅文様や矢絣、市松模様、唐草模様など、日本独特の模様を技法で表した装飾紙。

折り方の種類

●折り紙をする上でもっとも基本的な折り方
<山折り>

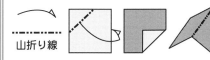

山折り線

<谷折り>

谷折り線

<蛇腹折り>　　　<ざぶとん折り>

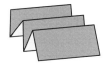

　折り紙のコツは、端や角をしっかりそろえて折ること、折り目を指でなぞるなどしてしっかりつけることです。子どもに説明をするときには、わかりやすく動作を見せながら伝えていきます。

●複合的な折り方
<中割り折り> 2枚に重なっている場所を開き、内側へ向かって折り再び閉じる折り方。

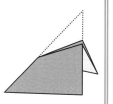

<被せ折り> 2枚に重なっているところを開き、先端を裏返し、折り目を内側にして被せるようにして折ります。

<つまみ折り> 該当部分を折り、そこから飛び出したところをどちらかの方向にたたむ折り方。

<花弁折り> 正方基本形の開いているところから紙を広げ、菱形に変えて折ります。

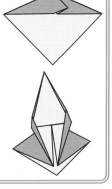

発達に応じた保育実践のポイント

　折り紙は、指先を細やかに操作して紙を折るプロセスがあるため、手指の発達がなされる３歳前後から、本格的に楽しむ遊びといえます。おおよそ０～１歳前半児は、手指の発達が未熟であるため、折り紙を自ら折って遊ぶことはむずかしいといえます。おおよそ１歳後半～２歳児については、折り紙に触れながら、少しずつ親しんでいき、３歳以上児は折り紙を折るだけではなく、はさみで切る手順もある自分だけの作品をつくる楽しさを味わっていきます。作品の一部に発達状況を踏まえた装飾をして仕上げたり、身近な教材として親しむことはとても大切な遊びとなります。

1歳以上3歳未満児　保育実践のポイント

◯ **折り紙**：折り紙を折るよりもちぎってのりづけしたり、保育者がつくった作品にシールやクレヨンなどを使って自分だけの作品に仕上げていくことからはじめる。たとえば、ちぎった折り紙を貼って楽しんだり、保育者が折り紙でつくったテントウムシの背中の模様を、子どもがシール貼りをして自由に楽しむなどできる。折り紙に親しむ時期ととらえて遊びを考える。

◯ **環　境**：子どもの月齢や個人差が幅広いことから、一対一あるいは数人対一でゆったりと遊びを楽しむようにする。集中する時間も短いので、"したいときにしたいだけ楽しむ"環境が大切になる。保育室の一つのコーナーになるようにし、折るプロセスそのものを楽しみ、すぐに子どもと一緒に飾るなどできるようにする。

◯ **実習生**：一つのコーナーとして遊びをするということは、実習生自身はその場を離れないことが原則のため、準備は万全にしよう。飾るときには、子どものマークがついた洗濯ばさみなどを用意して飾り、子どもも自分の作品がわかるようにすることで、子どもの満足感につなげていくようにする。

3歳以上児　保育実践のポイント

◯ **折り紙**：折ったり切ったりする手順が少ない折り紙遊びからスタートする。折りながらイメージも広げて楽しむので、子ども自身が色も選べるようにするとよい。主な活動として遊び、みんなが経験することも大切で、５歳児クラスならば折り紙作品でペープサートづくりなどに発展させていくこともよい。また、折り紙は繰り返し楽しむことも重要であるため、自由遊びや夕方保育、預かり保育の時間に、子ども自身のペースに合わせて遊べるようにする。

◯ **環　境**：折り紙が楽しくなると繰り返しつくりたいと思うようになるが、数に限りがあるので自由に使うことがむずかしい教材であるため、包装紙を折り紙サイズに切って活用するなどしてその気持ちを満足できるようにする。子ども自身でも手順がわかるような説明用紙をつくって設定するのもよいだろう。

◯ **実習生**：子どもに折り方を説明しやすいように、大きな紙で折る手順を説明する方法もある。折るスピードは子ども自身あるいは経験によってさまざまなので、進め方は担任保育者と十分に話し合って確認していく。子どもに折り方を説明する言葉（山折り、谷折りなどの用語）も、折り紙遊びとして次につながるように配慮していく。

折り紙を楽しもう

実践例 折り紙作品で遊ぶ　　　　　　　　　　　　　　　　　　活動　集まり

　折り紙には遊べる作品がたくさんあります。子どもにとっては、自分でつくったもので遊べることは何よりうれしい遊びの一つです。折り紙の色を選んだりすることから折り紙遊びがはじまることを意識してかかわり、満足するまで遊ぶことを大切にします。

事前準備
　子どもがどの色が好きなのかあらかじめ遊びの中で聞くなどして、折り紙を準備します。説明で使う大きな折り紙や机に置く手順を説明した用紙も予備も含めて用意しましょう。

環境構成
・実践する日に、さりげなく遊ぶ作品を飾ってみましょう。子どもの興味・関心が高まります。
・子どもが折り紙を選べるように机に配置して、グループごとに取りに行けるようにします。繰り返し遊べるように多めに用意しましょう。
・保育者が説明する場所は、折り紙の折り方が全員に見えるような位置にします。

実践
・子どもが折る順番を視覚的に理解できる工夫がとても大切になります。
・5歳児は、机に手順を示した用紙を置くと、友達同士で教え合う姿が見られます。

・子ども全員が見える位置に立ち、大きな紙（表が色つき・裏が白）を用意して、表裏をわかりやすく見せて、説明するのもよいでしょう。
・子ども一人一人の進み具合も確認しながら、個別に説明したりかかわることも大切にします。

遊べる折り紙作品の一例
・まことごま
・ひこうき、プロペラ
・パッチンカメラ

展開
・大きなサイズや小さいサイズの折り紙を用紙すると、手指の使い方をよりさまざまに楽しめるようになります。
・折り紙の本を用意したり、子どもが興味・関心のある折り紙の手順を掲示するなどして、いつでも折り紙遊びを楽しめる環境づくりをします。

POINT
・子どもがまた折りたいと思うタイミングを逃さず繰り返し楽しもう。
・折り紙の色や模様などを子どもたちが選べる環境づくりをしよう。
・折りながらの楽しい会話のやりとりも楽しもう。

Part 2　活動・遊びを実践してみよう

　子どもたちの作品で一つの壁面装飾をつくって楽しむことは、子ども同士で仲間意識を高めることにつながります。5歳児であれば、子ども同士で相談して役割分担をして取り組むことも楽しい活動になります。

折り紙の選択

　壁面装飾の場合には、特に季節は大切にします。子どもの経験を踏まえて、楽しく取り組める作品を考えましょう。

壁面装飾の例

- 子どもがつくりたいと思えるテーマを考えて、土台となる壁面を保育者が準備します。
- 「これも折りたい！」「もっと折りたい」と伝える子どももいるため、見通して準備を行い柔軟に展開できるようにしましょう。

あじさいの壁面　　　　　七夕飾り

POINT

- 活動や遊びの朝に一つだけ飾るなどして、子どもが見つけてやりたいと思える導入をしよう。
- 子どもと一緒にアイデアを出し合いながら飾ろう。

　折り紙は、折り紙の紙以外に必要なものはありません。机・椅子で折り紙コーナーをつくれば十分に遊べる環境になります。ぜひ預かり保育や夕方保育などの時間にも子どもそれぞれがつくりたいものを本で探しながら、楽しむひとときにしていきましょう。

折り紙の選択

　折り紙をしたい子どもが楽しむ場所をつくり、折り紙の本も2〜3冊用意をします。同じものを何度もつくりたい子ども、新しいものを折りたい子どもなどさまざまなので、子どもの様子を見ながらかかわります。

作品の例

ハート　　　　　　　パクパク　　　　　　かえる　　　　　　　まことごま
（「お手紙ごっこ」遊びなど　（文字を書いて占い遊　（好きな顔などを描い　（くるくる回してみんなで競
も楽しくなる）　　　　びも楽しい）　　　　てもおもしろい）　　い合って遊ぶ）

POINT

- 保育者あるいは子ども同士で相談したり、教え合う経験を大切にしよう。
- 預かり保育や夕方保育だからこそ楽しめる遊びの一つにしよう。

　子どもも大人も折り紙は大好きです。子どもや利用者に好きな模様や柄の折り紙を選んでもらうと、さらに楽しみは広がります。保育者と一つ一つの手順を確認しながら、子どもや利用者の手先の動きの様子に合わせてタイミングよく言葉かけをするようにしましょう。また、むずかしいところは手伝うなどの配慮をし、完成する喜びを味わえるようにすることは大切です。

折り紙の選択

　子どもの手指の発達や利用者の障がいの程度などに合わせて、折る手順の難易度を考えます。子どもや利用者それぞれの手指の力の入れ方や動かし方を観察した上で選択します。

作品の例

　子どもや利用者の興味・関心に合わせて、折り紙の種類、色を一緒に選んでいきましょう。たとえば、折り紙の本の完成作品を見ながら、何をつくるか選んだり、数種類の折り紙の作品を見せて、折りたい気持ちを高めて選択できるようにします。完成したら、他の保育者にも見せながら、その喜びを共感し合うことを大切にします。

きれいな柄の千代紙で折った折り紙
左から、風船、鶴（雄鶴）、ふくら雀（雌鶴）

🅡 POINT

・折り紙の左右をわかりやすくするために、実習生は子どもや利用者の隣に座って同じ体の向きで楽しもう。
・子どもや利用者一人一人の様子やこだわりに合わせて援助をしよう。

column　　男の子色と女の子色

　たとえば、七夕の時期に「彦星・織姫」の製作活動があるときに、みなさんは「彦星・織姫」の着物部分をどのような配色にしますか。私たちは、今まで当たり前のように「彦星は男の子色」として青・黒色系などとし、「織姫は女の子色」として赤・桃色系などとしていたのではないかと思います。トイレのマークも男性は青、女性が赤になっていますね。日本は、このように性別を区別する文化がある国で、現在においても性別を区別する習慣が根強く残っている国といえるかもしれません。しかし、近年はジェンダーフリー（生物学的な性差による役割分担にとらわれず誰もが平等に自分が望む生き方を選択できるようにしようという考え）が広がっています。日本の文化として男色・女色という時代があったことを受け止め、保育の中でどのように子どもに伝えたり、製作活動などを考えていけばよいのか、今一度考えたり友達と話し合ったりするとよいでしょう。

Let's try　　季節の壁面装飾をつくってみよう

仲間同士でグループをつくって、春をテーマに折り紙で壁面装飾をしよう。

STEP ①　グループ内の仲間同士で、それぞれ何を折るか相談して取り組もう。
STEP ②　壁面の土台をみんなで考えてつくってみよう。
STEP ③　他のグループとお互いに発表し合おう。

14 水・泥遊び

水・泥遊びの基本

園生活ならではの遊びを楽しむ

　水・泥遊び（プール遊び、色水遊びなどを含む）は、園生活ならではの遊びであり、子どもたちにとっては、園という場だから楽しめる遊びではないでしょうか。少しだけ非日常であり、また、暑い季節だからこそできるというその時期限定の特別感もあります。

　実習期間中にプール開きが行われたり、すでにプール遊びがはじまっている実習先もあります。実習中は、子どもたちと一緒になって、園生活ならではの遊びを体いっぱい楽しみましょう。自分自身が子どもと同じ体験をすることで、その遊びのおもしろさ、奥深さ、危険性などに気づいていきます。そして、同じ体験をすることで、子ども理解が深まっていきます。乳幼児期になぜこのような経験が大切なのか、体感することから学びを深めていきましょう。また、このような園生活ならではの遊びを保障していく保育者の専門性や援助なども保育観察や責任実習を通して、深く理解する機会にしていきましょう。

解放感を感じながら安全に楽しむ

　水・泥遊びを楽しむときには、**子どもたちの健康状態（平熱、感染症の有無、けがの箇所がないかなど）、天気、気温**など、これらすべてが**適切な状況にあることで、実施できること**を実習前に再確認しておきましょう。また持ち物などを含めた保護者への連絡も必須です。実習中に水・泥遊びを行う場合は、実習担当の保育者と保護者への連絡事項を共有し、スムーズに実施できるようにしましょう。

　水・泥遊びは、子どもたちが、心身を解放して遊ぶことを叶えてくれます。楽しくて、気持ちが高まっている分、自己コントロールがむずかしい場面も出てきます。たとえば、

プール活動終了後に保育室に戻るとき、「お部屋に戻るときはどうする？」と保育者は子どもたちに働きかけることがあります。子どもたち自身が、気がついて、走らずに戻る、歩いて戻ることを、意識化します。楽しい遊びと、けがや事故のリスクは隣り合わせです。左のイラストの子どもも裸足にタンクトップで気持ちよさそうに遊んでいますが、頭に帽子を被っています。熱中症から身を守るため、帽子は被ったまま遊ぶよう、保育者から促されていることがわかります。

水・泥遊びの種類

　暑い季節に園生活を盛り上げてくれるのが、水・泥遊びです。水の冷たさや、泥の感触、色の世界をさまざまな感覚で感じ、体全体で遊びを楽しみましょう。

水・プール遊び

流れるプール

保育者の笛の合図で全員で同じ方向に歩き、一定の水流をつくる。流れに合わせて泳いだり、浮かんだりする体の感覚を楽しむ。

フープくぐり

フープをプールの底から少し浮かせた状態で保育者がもつ。トンネルに見立てて子どもたちがくぐれるよう言葉をかけていく。

手づくりおもちゃ

ペットボトルやスポンジ、ビニール袋と水に強い素材を使った手づくりおもちゃ。製作活動でつくったものを持参して遊ぶのも楽しい。

泥んこ遊び

山づくり

大きくしたり、トンネルをつくったり、泥んこ遊びの醍醐味の山づくり。スコップ、シャベルやバケツは準備をしておく。

お団子・木の実ケーキづくり

泥でつくる料理やお菓子づくり。おいしそうなものができたら、お互いに食べてみたり、感想を伝え合う。

泥んこ池

泥と水の感触をダイナミックに味わえる泥んこ池。足の裏から感じる冷たさやザラザラ感は子どもの感覚を刺激し重要な遊びとなる。

色水遊び

ジュース屋さんごっこ

花や葉などの自然物や食紅や絵の具でつくった色水をジュースに見立ててお店屋さんごっこ。「○○ジュース」とオリジナルの名前をつける子どもの姿を大切に。

色水寒天

粉末寒天、水、食紅を混ぜ火にかけて冷蔵庫で1時間置き、寒天をつくる。できた寒天を触ったり、潰したり、色を楽しみながら遊ぶ。

しずく遊び

色水をスポイトで吸い上げ、ビニールで覆った机に垂らして遊ぶ。水の表面張力を使って、色と形の不思議さを感じることができる。

発達に応じた保育実践のポイント

　水・泥遊びは、子どもたちの生活の流れに合わせて、取り入れていく活動です。子どもたちの体調、天気や気温、すべての条件を確認した上で、楽しめる活動になります。ここでは、年齢に応じた、配慮や実践のポイントを押さえていきましょう。

乳児 保育実践のポイント

☑ **水（お湯）遊び**：乳児は水に触れること自体が感触遊びであり、さまざまな感覚が刺激される。０歳児後半以降はたらいを用意して、コップなど手に取れるおもちゃを用意して遊べるようにする。衛生面、安全面に十分配慮し、子どもから目を離さないことが重要である。

☑ **環　境**：水（お湯）遊びを行う日の朝は、あらかじめタオルやバスマットなどを用意しておき、遊びおわってからスムーズに次の遊びや生活に移れるようにする。遊ぶ場所に危険なものなどがないか登園時間前に確認する。

☑ **実習生**：わらべうたなどの歌遊びを楽しみながら、心地よく水やお湯に触れ、子どもが安心して遊べる雰囲気をつくる。水遊びには沐浴に準じ、汗を流すという目的も含まれていることを念頭に置いてかかわる。また、緊急時の対応を事前に担任保育者に確認しておく。

1歳以上3歳未満児 保育実践のポイント

☑ **水・泥遊び**：遊び方が少しずつダイナミックになる一方で、楽しい遊びがけがにつながるケースも出てくる。解放感を感じながら、同時に水の中での安全な遊び方や、ルールなどを身につけていく時期なので、この点をポイントに遊びを考えていく。

☑ **環　境**：水遊びのカップや泥遊びのスコップなど、共有して遊ぶことが常にできる段階ではないので、余裕をもった数を準備する。個人もちのタオルなど、自分の持ち物がわかってくるため、子ども自身が手に取れる場所に用意する。

☑ **実習生**：色水や泥団子など、大人と同じものを手にしたい気持ちが強い時期のため、子ども自身が行うところと援助が必要なところのバランスを考えてかかわる。いざこざが生じた場合、子どもの気持ちを代弁したり、相手の気持ちに気づけるようなかかわりをする。

3歳以上児 保育実践のポイント

☑ **水・泥遊び**：友達と協働してつくるなどの姿が増え、「山が固まらない。水の量を増やそうかな」など、やりたいイメージがもてて遊びに夢中になる。プール遊びでも、自ら遊びを考え、友達と一緒に楽しめる。新たな発見や水の性質の不思議さを十分感じられるようにする。

☑ **環　境**：活動への期待感を高めるために、準備物がある場合は子どもと一緒に準備を進めるとよい。プール遊びでは、潜ったり泳いだりと活発になり、活動時間も長くなる。子どもたちの様子に異変がないか、必ず複数の保育者で見守る。また、暑い時期には、必ず途中で水分補給をするなどの配慮を忘れず、子どもが手に取れる場所に水筒などを置くようにする。

☑ **実習生**：プール遊びでは、子どもたちの手本となって泳いだり、泥んこ遊びでは、一緒に創意工夫する。そして、一回性の遊びの状況のもと、目の前の子どもたちをていねいにとらえ、最適なかかわりを見つけていく。

水・泥遊びを楽しもう

 実践例 不思議な色水遊び 　　　　　　　　　　　　　　　　　　　　遊び 活動

　バタフライピーというハーブティーを使って色が変わる不思議さを楽しむ遊びです。2歳以上児向けの活動ですが、乳児クラスでも、保育者の実演を見る形で取り入れていくことができます。

事前準備

・バタフライピーのティーバッグ：1つ
・お湯：200ml
・クエン酸、重曹：各ティースプーン1杯程度
・カップ3個：クエン酸を入れたものと重曹を入れたものが区別できるように色や形を変えます。

環境構成

室内で行うときは、机にビニールをかけましょう。

屋外で行うときは、ベンチを活用しましょう。

つくり方・遊び方

① ② ③
④

ピンクに変化！

緑に変化！

① バタフライピーティーを2人に1セット（3つ）用意します。これは飲めることを伝えます。

② クエン酸（酸性）を入れてまぜます。一人一人入れることができるように工夫します。

③ 次に重曹（アルカリ性）を入れてまぜます。

④ 3色 色水の完成！

配慮

・水・粉の扱いには気をつけましょう。こぼれたり、散乱したりすると活動が止まってしまうので注意しましょう。事前に「そっともつ」などルールを決めておきましょう。
・つくったお茶が熱すぎるときは、少し冷ましてから使うなど、やけどをしないように気をつけましょう。

POINT

・瞬時に「色が変わる」なぜ？ について、子どもたちと探求し、声を聞いていこう。
・できた色水をその後どうしたいか、子どもたちと考えよう。
・水がこぼれるなどのアクシデントを想定した準備をしておこう。
・活動後は「振り返り」タイムをもち、お互いの気づきを聞く時間を設けよう。

Part 2 活動・遊びを実践してみよう

アイスキャンディーでお絵描き

色水を凍らせてアイスキャンディーをつくります。できあがった氷でお絵描きを楽しみましょう。あまりに美味しそうで、子どもが本当に食べないように気をつけましょう。

事前準備
氷の型、食紅、アイスの棒、画用紙

描いた作品はほぼ水の状態なのでもち運びに注意しましょう！

つくり方

①

食紅で色水をつくって型に入れて凍らせます。アイスの棒を入れることを忘れないようにしましょう。

低年齢児では安全面への配慮から、絵の具ではなく食紅を使って誤飲対策を取ります。

②

できあがり!!
冷たい色氷をさわってみましょう。

③

色水氷でするする〜っと描いていきます。いつもと違う感触を楽しみましょう。

POINT
・食べ物に見立てた遊びを取り入れる際は使用素材に気をつけよう。
・食紅の量で描くときの濃さが変わるため、必ず試作しよう。

水の生き物に変身！

プール遊びを通して、普段の体の動かし方と、水中での体の動かし方の違いに気づき、体の感覚を楽しめるように進めましょう。準備体操をしっかり行ってから入水します。

プールに入る前に

プール遊びの前には必ず準備体操をしましょう。体が驚かないように、けがをしないようにほぐしましょう。

水まわりはすべるため、走らないように伝えましょう。

子どもたちがお気に入りのダンスをしたり、外を走る、マラソンごっこなどをしてからの入水も楽しめてよいでしょう。

実 践

プールから上がったら
・よく体を拭きます。
・絵本などを読み、体を休めます。

<変身ごっこ>

変身ごっこを提案して保育者が「ケロケロ」といったらカエルに変身しましょう。
みんなで水遊びを楽しみましょう。
最後は「○○組のみんなに変身！」と言葉をかけてしめくくりましょう。

POINT
・楽しく水に触れることで体全体を使って遊ぶ姿を大切に、丈夫な体になることも伝えながら遊ぼう。
・プール遊びは、子どもたちがお互いの安全を確保し、遊びを通して行動力や気づきを身につける機会であり、協調性を育む場であることを意識してかかわろう。

　汚れてもよい服装になり、思い思いに泥や水の感触を楽しんで遊びましょう。遊びのおわりの時間をわかりやすく伝えておくと、子どもたちも見通しがもてます。要支援の子どもも、その子どものペースで型抜きをしたり、山をつくったり、クラスの子どもたちと同じ場で、同じ対象に触れて遊ぶことができるでしょう。

POINT

・泥んこ遊び特有の流動的な遊びの流れを大切にしよう。
・一斉に何かをすることにとらわれず、子どもが思い思いに泥や水にかかわる姿をまずは優先しよう。
・遊びの停滞が見られたり、子どもたちが困っていたら援助をしよう。
・要支援の子どもは、型抜きや水流しなどの繰り返しを楽しむ等、特性が生きる場面が生まれる傾向があるため、夢中になる姿を大切にしよう。

column　「片づけはどうするの先生？」

　筆者が学生のころ、責任実習の日、朝からはりきって、子どもたちと裸足遊びをしていました。5月の実習で気候もよく、裸足で園庭をかけ回ったり、砂場で泥んこ遊びを楽しんだりしていました。ふと時計を見ると「あ、もう10時15分！」「みんな〜、お片づけしよう〜」そういって、私は1つ2つシャベルを片づけたら、他の遊びをしている子どもに片づけの時間を知らせに向かいました。一通り言葉をかけおわると、担任保育者から「片づけはどうするの先生？」といわれ振り返ると、まだ砂場の子どもたちが遊んでいます。頭と体が結構なパニックになりながら、担任保育者も手伝ってくださり、無事片づけと、足を洗いおえました。
　反省会では、見通しをもつことや、最後まで子どもたちと一緒に片づけることの意味を考え、その日を振り返りました。担任保育者は、「子どもたちは、よほど楽しかったんだと思うよ。まだやりたい気持ちが勝ったんだものね。それは、先生が一緒に夢中で遊んで、楽しさが何倍にもなったからじゃないかな」と仰いました。この言葉は、今でも私の宝物です。

Let's try　水・泥遊びをやってみよう

さまざまな水・泥遊びの中で、子どもたちと一緒に取り組んでみたい遊びを実際に仲間とやってみよう。

STEP ①　汚れやぬれたことを気にせず遊べる服装やタオル、シートなど遊びを思いきり楽しめる周辺準備を怠らないようにしよう。
STEP ②　子どもの（一緒に行う仲間の）人数分の教材、個数、予備を含めた用意をしておこう。
STEP ③　保育時間外の片づけがスムーズにいくように考えながら、遊びを進めよう。ときには子どもたちに協力してもらうことも重要であることも考えてみよう。

15 感触遊び

感触遊びの基本

触れて学ぶ

私たち“ヒト”にはさまざまな感覚が備わっています。そのうち触覚は視覚や聴覚と異なり、一方的な刺激を受けるだけではなく、「触る─触られる」という主観と客観により知覚していきます。背中や胸、腹や手の甲など、ものを識別するためにはあまり使わないような部位でものに触れると、自分の皮膚の感触を主観的に感じる程度が高まります。たとえば、「気温が暖かいと私が感じている」「何かにぶつかって痛いと感じる」などです。一方で、手のひらや指のような身体部位で触れるとものの性質に注意が向きます。ものの性質は客観的にどのようなものなのかが触ってわかるのです。

ものの手触りという触覚的な特徴は、私たちから触るという働きかけをして知ることができます。しかし、触れなければ、その感触はわからないままです。**指や手で触って知るという経験は、ものの性質を知るための大きな情報**なのです。

感触遊びとは

感触遊びはその名の通り、ものの触り心地を楽しむ遊び・活動のことです。子どもの感覚を養う経験の一つとして、保育の中でも意識して取り入れられています。私たちの日常は便利になってさまざまな道具にあふれており、触れなくても道具を使用することで完結できる作業が増えました。そのため、手で触れて感触を味わう経験というのは、実は積極的に取り入れようとしなければ、なかなかできない経験になってきているのです。

保育実践の中で、子どもと一緒に遊んでいると「初めて出合う感触」が多くあるようで、不安で触れない様子、触って驚いている表情を見ることも多くあります。**さまざまなものの形や硬さ・やわらかさ、状態、触ったときの自分の気持ちなどすべてが新しい情報として、育ちへのよい刺激**となります。

感触遊びの目的やねらいを考え、必要な素材を用意し環境構成をしましょう。身のまわりには感触を楽しめるものがたくさんあります。まず、保育者自身が身のまわりのものに関心をもつことで、感触遊びにつながるヒントが見つかるでしょう。保育者にとっては準備や片づけ、環境構成などで時間がかかることもあるかもしれませんが、「汚れるから」「大変だから」といった消極的な理由で子どもの経験の芽を摘んでしまうのは、もったいないことです。子どもへの教育的な経験の一つとして、感触遊びを取り入れていきましょう。

感触遊びの種類

身のまわりのものに目を向けると、さまざまな感触の素材にあふれています。意識していないと見逃してしまうほど、日常に溶け込んでいる素材ですが、この機会に生活の中ではどのようなものに囲まれているかを知り、遊びに生かせるか考えてみましょう。

●寒 天 比較的簡単につくることができ（本書 p.110 参照）、触るとすぐに崩れる。冷たい感触も味わえる。 	**●風 船** 膨らます前と後で大きさが変化する。よく伸びる、空気を入れると膨らむ。割れる。 
●絵の具 さまざま色を混ぜ合わせ色の変化も楽しめ、触れるとべたべたした感触も楽しめる。 	**●スライム** ドロドロしたやわらかい感触が楽しめる。さまざまに形状が変化する。 
●粘 土 油粘土、紙粘土、小麦粉粘土など種類はさまざま。油粘土は固いが触っていくとやわらかくなる。紙粘土は軽いが固まる。 	**●新聞紙** 破いたり、たたんだり、小さく丸めたりできる。水に溶けにくい。 
●お花紙 簡単に破ける。軽い。丸められる。水に溶けやすい。 	**●氷** 冷たく硬い。絵の具（食紅）などで色をつけるときれい。寒い時期には、氷の生成も着目できる。 
●綿・毛糸 ふわふわでやわらかい。ちぎったり丸めたりできるが形状が戻る。 	**●緩衝材・包装紙・箱など** プチプチとつぶすと音がなる梱包材もおもしろい。空き箱はプラスチック製と紙製で感触が変わる。 
●ボールプール プラスチックボールで、浮遊感や包まれる安心感を感じることができる。 	**●木の枝・木の実・葉など** ざらざら、つるつる、ぶつぶつなど自然物ならではの感触が得られる。 

発達に応じた保育実践のポイント

　感触遊びをすることで、肌から刺激を受け、脳に情報が蓄積されていきます。凸凹、ざらざら、つるつるなど素材の質感を知り、力を加えると形が変わる、つぶれるなどの発見もあります。こうした発見が原体験となり、子どもの「知りたい・やってみたい」という気持ちにつながります。子どもたちの年齢や発達を理解した上で、その時期に適した興味・関心のある感触遊びを実践し、子どもたちの好奇心を育んでいきましょう。

乳児 保育実践のポイント

☑ **感触遊び**：この時期は、口に入れて確かめる動作が多いため、小さいものや口に入れると危ない素材は、誤飲しない大きさや硬さであることを確認したり袋に入れたりして、安全を確保した上で感触が楽しめるように工夫する。

☑ **環　境**：誤飲などを防ぐためにフリーザーバッグやビニール袋の中に素材を入れるなど、安全に楽しめるようにする。また保育者がそばにいて見守りながら触れるようにする。感触遊びで使ったものは、遊んだら片づける。

☑ **実習生**：子どもがつかめる大きさで、かつ口に入れても安全なものか考えつつ、握ったときの感触のおもしろさが味わえるような素材を用意する。

1歳以上3歳未満児 保育実践のポイント

☑ **感触遊び**：探索の範囲が広がっていることから安全に配慮し、全身で素材の感触が味わえるようにする。硬いもの・やわらかいもの、ざらざらする・つるつるする、冷たい・温かいなどその感触を言葉にしていく。

☑ **環　境**：誤飲には引き続き注意しつつ、一人一人が十分に触れられるように量を用意したり、広い場所を用意したり感触遊びの目的によって工夫する。

☑ **実習生**：興味・関心が高まるように、子ども一人一人の様子をよく観察し、感触遊びの素材に触れて楽しむ実習生の姿をモデルにして、子どもが安心して遊べることを伝える。

3歳以上児 保育実践のポイント

☑ **感触遊び**：好奇心や探求心が高まりダイナミックに遊べるようになっていることから、自分でつくる、試すということも喜ぶ。泥、泡、スライム、寒天、氷などつくり方を学び、さらにおもしろくするにはと探求していくことで保育が広がる。

☑ **環　境**：特別な道具も必要があれば用意し、子ども自身がつくりやすいようにつくり方を図示したり、あらかじめ注意しなければならないことなどを伝える。子ども同士で役割を考えたり、アイデアを出し合い、どのようにしたら自分たちのつくりたいものがつくれるかを話し合う機会も年齢によっては設ける。必要に応じて保育者が、子どもが考えるきっかけをつくる。

☑ **実習生**：どうしたらつくれるかをあらかじめ調べておき、その材料を用意する。また、一度自分でつくり、その手順を確認し、作業の煩雑さ等を理解しておく。子どもにはどのように説明したらよいか、わかりやすい言葉での伝え方を考えておく。

感触遊びを楽しもう

実践例 小麦粉・米粉粘土をつくって楽しむ　　　　　遊び / 活動

　小麦粉・米粉粘土は、つくる過程を楽しめ、硬さも調整しやすい感触遊びの一つです。混ぜる前の粉に触れて、サラサラしている状態を味わい、水を入れてベタベタくっつく感じもこねている過程で楽しめます。

事前準備
- 小麦粉（米粉）1カップ
- 塩小さじ1
- 油少々
- 水1/3カップ
- ボウル

つくり方
①粉と塩を混ぜ合わせる。　②水と油を入れる。　③全体をこねる。　④耳たぶくらいの硬さになったできあがり。

遊び方
- 子どもとつくりながら、「くっつくね」「丸まった」と変化する様子を楽しみましょう。
- 料理ごっこに見立て「おかあさんみたい」「パン屋さんみたい」と遊びを楽しんでもおもしろいでしょう。

応用
- 食紅を入れて、色をつけてみましょう。色づけることでさまざまな作品のイメージが広がります。
- さまざまな形の容器や木の葉、木の実、花などを中に入れてもおもしろいでしょう。

留意点
- 小麦粉などの食物アレルギーは、事前に必ず確認しましょう。アレルギーがなくとも、粉じんによって反射的にせき込む子どももいます。子どもの状態によっては、できあがったもので遊べるよう配慮しましょう。
- 密閉すると冷蔵庫で1週間程度は保存できますが、基本的にはその都度、使い切るほうが衛生的によいでしょう。

片づけ等
- 子どもがつくった粘土を容器に入れ、できたものを保護者がお迎えで通る場所に置いておくと、その日の遊びの様子が伝わりやすいでしょう。
- 遊びが一段落した子どもから順に手洗いや着替えをするようにしましょう。
- 汚れた衣服は袋等に入れましょう。その際、他の子どもの服と入れ違わないようにしましょう。

POINT
- 小麦粉などの食物アレルギーは必ず事前に確認しよう。
- 汚れてもよい服を着て遊ぼう。
- 年齢や活動、遊びの目的に合わせて粘土の硬さを変えて楽しもう。

Part 2 活動・遊びを実践してみよう

　プルプルした感触の寒天は、比較的簡単につくることができます。寒天（粉末）と水の比率を変えることで、硬め・やわらかめと感触の変化も味わえます。

事前準備　寒天（粉末）4ｇ、水500ml、食紅、固める容器（保存容器等）、鍋

つくり方

①鍋に水を入れ、粉末寒天を加えてかき混ぜる。

②中火で熱し沸騰したら、弱火で2分程度熱する。

③火を止め粗熱を取り、容器に入れて食紅を加えよく混ぜる。

④常温で1時間ほど置き固まったらできあがり。

遊び方

力を入れるとすぐに壊れるので、崩して遊んでみましょう。

食紅を入れて色合いも楽しんでみましょう。誤って口に入っても食紅なら安心です。

🄡 POINT

・牛乳パックを縦半分に切り長方形にしたり、プリンカップやゼリーのカップなど大きさの異なる型を使って、厚みや形の異なる寒天もつくってみよう。
・火が使えない場合は電子レンジを活用しよう。安全面でも安心！
・衛生上、一度使った寒天は破棄し、別の日に遊ぶときには、もう一度つくり直そう。

実践例　氷を使って遊ぶ　　　　　　　　　　　　　　　　　　　　　遊び　活動

　氷はさまざまな入れ物に入れて凍らせることで、形の違いだけでなく、凍ったときの氷の状態をじっくり観察することもできる楽しい遊びの一つです。

気温が高い時期

①水を入れ物に入れ冷凍庫で冷やし固めておきます。
②水遊びのときに凍らせた入れ物を入れて遊びます。また、プールに氷を入れ探したり、色をつけた氷で色水遊びをします。

気温が低い時期

①水を入れ物に入れて、戸外（特に日陰）に出しておきます。外に出しておいた水が凍ったかを見ます。水に色をつけたり、入れ物の形の大きいもの、小さいもので凍り具合の違いを見ます。
②防寒具を身につけ、戸外にある自然にできた氷を探します（つらら、霜柱など）。

🄡 POINT

・寒い日、暑い日の気温や季節に合わせて、何を使用するかを考えよう。
・ぬれたときの着替えを用意しておこう。

力のコントロールも学べる風船遊び

風船など、軽くて浮かび上がるものをそっと運ぶ遊びは、感触を確認しながら力のコントロールを学ぶことができる触れ合い遊びです。2人1組になったりして楽しんでみましょう。

例1

風船だけだと力を加えてもふわふわ動いていきますが、ビニールテープで十字になるように巻くと、ボールのようにポンポンはずみます。小さい年齢でも楽しめます。

例2

新聞紙や段ボールでつくった羽子板などを使い、スタートからゴールまで風船を落とさないように協力して運んでみましょう。

応用

紙風船のようにゴム風船よりももっと繊細な風船を使うのもおすすめです。紙風船を使うときは、つくった羽子板でゆっくりつぶれないように運ぶルールにすると、慎重に運ぶためにやさしく扱おうとし、体の動かし方を意識することができます。

POINT

・子ども自身のオリジナル羽子板などをつくってみよう（親しみが生まれ、何度も使える）。
・水風船に空気を入れてもおもしろいので、試してみよう。

column　雪で何して遊ぶ？

雪が降ったらみなさんならどのように遊びたいですか。雪が積もっても陽が高くなると解けてしまうため、雪遊びは時間との勝負です。防寒具を着て一分一秒でも早く外に出ましょう。ふわふわの雪（粉雪）だと、すぐに解けてしまうので道具を使うほうがおすすめです。プリンカップやかき氷の入れ物に入れ

て食べ物に見立てて遊び、絵の具も使うとより鮮やかになります。水分を多く含んだ重い雪（ぼた雪）は力を加えるとしっかり固まるので、ぎゅぎゅっと形を整えやすく、雪だるまやかまくらづくりに最適です。また、雪を集め山をつくり自然のすべり台をつくることもできます。ビニール素材の米袋に段ボールと緩衝材を入れると、手づくりそりがつくれます。米袋はビニールが丈夫なので長く使えます。1人1つのそりをつくってもおもしろいでしょう。

Let's try　感触遊びの素材を探してみよう

身のまわりにある素材で、感触遊びが楽しめるものは何か考えてみよう。

STEP ①　自分が気に入っている感触はどういったものか言語化しよう。
STEP ②　実際に遊びに使えるかを仲間同士で検討してみよう。
STEP ③　遊びに使えるような形状でつくってみよう。触れた感想を伝え合おう。

Part 2 活動・遊びを実践してみよう

16 触れ合い遊び

触れ合い遊びの基本

　子どもと保護者・保育者との基本的な信頼感を育て、自ら触れたり相手から触れられる経験を通して、その心地よさや安心感を感じることができる遊びを本書では触れ合い遊びと呼びます。触れ合い遊びは、肌と肌との接触があるコミュニケーションですので、遊びを通して相手との心の距離も近くなっていきます。

　肌は全身を覆っており、その感触からさまざまな情報を読み取っています。「暑い」「寒い」と感じたとき、汗をかいたり、体の熱を逃さないようにしたりするなどの体温調節は、外部からの刺激を受け反応しているからです。また、大人から抱きしめられたり、なでられたり、さすられたりすることで、人肌と触れ合い、「愛されている」「大事にされている」という**温かい感情を感じながら一緒に遊ぶことは、子どもにとってとても重要な経験**なのです。まずは安心できる大人との触れ合いを通して、外界への関心が高まります。そして、同じような年齢の子どもと触れ合う経験は、仲間意識が芽生えて支え合う気持ちを引き出したりします。また、年上の子どもと年下の子どもとが触れ合う経験を通して、きょうだいのようなかかわり、年上への憧れ、年下への思いやりなどの気持ちが育つきっかけにもなります。園でかかわるあ

らゆる人との触れ合う経験が子どもには財産になります。**肌から得られる情報は、どんどん脳に伝達されていき心を育てる栄養**となっていくのです。

　ただし、ときには子どもによって感覚が過敏で、他者から触ってほしくないと感じたり、感覚が鈍感で刺激を強く求めてしまい力が入りすぎたりする場合もあります。触れ合い遊びを通して、力のコントロールを学んでいく子どももいます。**子どもの個人差に合わせながら遊びを工夫**することで、さまざまな子どもが楽しめるようになりますので、実践例を参考にして考えていきましょう。

触れ合い遊びの種類

抱っこやおんぶをしながらうたうことも触れ合い遊びの一つです。どの年齢でも一緒にたっぷり遊んでくれる保育者は子どもに大人気です。遊びの種類や対象年齢によって遊ぶときの仕草や声色、援助を変えるなど、それぞれの遊びのおもしろさを引き出しましょう。

●手遊びをしながら遊ぶ

手遊び歌に合わせて、手や指を動かし、子どもの体に触れて遊ぶ。
＜例＞
「一本橋こちょこちょ」
　乳児から楽しめるくすぐり遊び。
「アルプスいちまんじゃく」
　手遊び歌の一つで、ゆっくりはじまり、曲を早めていくことでむずかしくすることができる。

●わらべうたをうたいながら遊ぶ

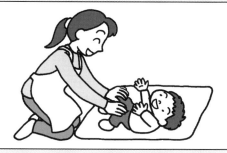

昔から伝えられ歌い継がれてきたわらべうたをうたいながら遊ぶ。
＜例＞
「ぼうずぼうず」
　寝転がる子どもの顔を触ったり、子ども同士で相手の顔を触る。
「なべなべそこぬけ」
　手をつないで歌に合わせてくぐる。

●触れ合いながらゲームをする

保育者や子ども同士で、体を触れ合わせながらゲームを楽しむ。
＜例＞
「ロンドン橋おちた」
　橋役になる子どもは手をつないで手を上にあげる。その間を列車のようにつながった子どもがくぐる。
「じゃんけん列車」
　じゃんけんをし、負けた子どもが勝った子どものうしろにつく。

●体を動かしながら楽しむ

保育者や子ども同士、体を動かしながら、触れ合って遊ぶ。
＜例＞
　子ども同士などで2人1組になって、相手の背中を押したり、足を合わせたり、背中を合わせて伸ばしたりなど、さまざまな動きをする。

発達に応じた保育実践のポイント

　子どもと大人の肌と肌がくっつくことで、人とのかかわりの心地よさを感じることができます。触れ合ったりくっついたりする経験を積み重ねて信頼感や安心感を形成していくのです。乳児のころからたっぷりと触れ合い遊びを取り入れていきましょう。また、3歳以上児だからといって「もうお兄さんお姉さんだから」と、もうやらないと突き放してしまうことは信頼感・安心感の欠如につながりかねません。ときにはさびしさや悲しさ、悔しさを感じて触れ合いを求めてくることもあるので、しっかりと応じていきましょう。

乳児　保育実践のポイント

- **触れ合い遊び**：子どもの手や足を握って一つ一つの指を触っていき、自分の体のイメージがつくように「おててだね」「あんよの指だよ」「くすぐったいね」と言葉をかけながら遊ぶ。触れられて心地よさを感じられるようにする。

- **環　境**：子どもと保育者が一対一で、目を合わせゆったりとした温かい雰囲気の中、触れ合い遊びが楽しめるようにする。

- **実習生**：乳児に言葉をかけるときに、やわらかくやさしい声でゆっくりと話すようにする。子どもの顔に実習生の顔を近づけて言葉をかける。

1歳以上3歳未満児　保育実践のポイント

- **触れ合い遊び**：保育者の膝に乗せて歌に合わせて体を動かしたり、抱きしめたりするといった触れ合いや、マットの上で一緒に転がったり、ハイハイしたりと同じ動きをまねして遊ぶとおもしろい。

- **環　境**：少し傾斜をつけたマットや平均台、巧技台などを組み合わせ、さまざまな体の動きができるような環境構成が望ましい。バランス感覚が未熟な子もいるため、大人が支えたり、ぶつかっても安全な素材を使うようにする。

- **実習生**：体の動かし方への理解が未熟な子どももいれば、経験不足から怖がる子もいるので、安全に配慮して子どもの体をすぐに支えられる位置で援助しながら遊びを見守る。

3歳以上児　保育実践のポイント

- **触れ合い遊び**：触れ合うことでできる体の動きを楽しめたり、巧技台や平均台、鉄棒、マット、器具などを使い、むずかしいことを友達と一緒に行うなど、年齢に合った触れ合い遊びを考えておくとよい。

- **環　境**：遊具や道具の場所に配慮し、触れ合い遊びができる場所を確保する。

- **実習生**：道具の使い方や遊びのルールなどは、遊びの前に確認する。また、気持ちが高ぶってけがをしないように、子どもに言葉をかけながら遊ぶ。

触れ合い遊びを楽しもう

実践例	スキンシップを楽しむ触れ合い遊び	遊び	活動

うまはとしとし

　わらべうたでも親しまれている「うまはとしとし」ですが、触れ合い遊びとしてさまざまな遊び方ができます。歌詞やリズムを覚えて、子どもと一緒に繰り返し触れ合って遊びましょう。室内で遊ぶときは保育者は足を伸ばし座ります。その足の上に子どもを座らせて上下に揺らします。「ぱかっぱかっ」という歌詞のあとに足を広げ、膝の間に落とします。

事前準備

　あらかじめ歌詞とリズムを覚えましょう。

環境構成

　子どもが安心して遊べる環境で、床にはマットなどを敷くとよいでしょう。

遊び方

①  ②

♪うまは としとし ないても つよいうまは
つよいから のりてさんも つよい
子どもを上下に揺らす

♪ぱかっ ぱかっ
足を開いて子どものお尻を下にやさしく落とす

♪music うまはとしとし

日本のわらべうた

うまは　としとし　ないても　つよ　い　うまは

つよいから　のりて　さんも　つ　よ　い　　ぱかっ　ぱかっ

展開

保育者が立っておんぶしてうたう。

保育者が抱っこしてうたう。

保育者が四つんばいになってうたい、子どもは背中に乗る。

ⓅPOINT

・短い歌詞なので2回繰り返してうたおう。
・リズムよく膝を上下に揺らして楽しもう。
・子どもと目を合わせて温かい雰囲気で行おう。
・歌詞の「のりてさん」をその子どもの名前に変えて遊んでみよう。

トンネルくぐり

　保護者や保育者などと一緒にでき、保育室にあるものを組み合わせ、子ども同士でもできる遊びになります。基本的に特別に用意する準備物がないため、簡単に行える触れ合い遊びです。

環境構成

　保育室でも、ホールでも実践可能です。机や椅子は端に寄せておきます。円や半円になるように大人とペアになって並びます。

遊び方　　大人と一緒に

| ① | ② | ③ | ④ |

大人が床に膝を立てるように座り、子どもはうつ伏せになり、足の間をはってくぐる。

子どもが手と足を床につけ、おなかを高く上げてトンネルをつくる。大人が子どものつくったトンネルをくぐる。

大人が四つんばいの状態でその下を子どもが仰向けではうようにくぐる。うつ伏せでくぐったり、しゃがんでくぐってもおもしろい。

子どもが2人1組になり、足の裏を合わせて足を上げる。その下を大人がくぐる。

🅡 POINT

・事前に動きやすい服装で来ることを伝え、すべる場合は裸足になるようにしておこう。
・はう動作をするため、あらかじめ室内やホールを掃除しておこう。
・子ども同士で行う場合は、仰向けの状態でお腹を上げるように逆四つんばいになり、その下を子どもがくぐるようにしてみよう。椅子を並べて、その下をくぐってみても楽しい！

ららら ぞうきん

　2人1組になり1人が寝転がり子ども（雑巾）役になり、もう1人が大人役で歌に合わせて縫ったり、洗ったりする動作をして触れ合う遊びです。役割を交換して何度かやってみるとおもしろいでしょう。

遊び方

① 「ぞうきんを縫いましょう」：指でちくちく縫う様子をつつくように子どもの体に触れる。
② 「ぞうきんを洗いましょう」：手のひらを体につけてゴシゴシと洗っている感じで動かす。
③ 「ぞうきんを絞りましょう」：体・手・足を絞るようにぎゅっとひねる。
④ 「ぞうきんをたたみましょう」：小さく小さくという歌詞に合わせて両足をたたむようにおなかへもっていく。

🅡 POINT

・掃除をした床やカーペットの上で行おう。
・力加減は強すぎないように言葉をかけながら行おう。

新聞紙じゃんけん

　新聞紙を使って大人（保育者や保護者など）と子どもがチームになり競い合う触れ合い遊び
です。新聞紙の上に立ち続けた大人と子どもが勝ちというルールです。

遊び方

狭くなってきたら、子どもを抱っこしたりおんぶしたり、つま先立ちしたりと工夫しよう。

①

新聞紙を広げて大人と子ども1組になり新聞紙の上に立つ。

②

前に立っているチームとじゃんけんをし負けたら、新聞紙を半分折り畳みその上に立つ。

③

狭くなっていくスペースの上に立ち続けたチームが勝ち。

POINT

・新聞紙を広げられるスペースを確保しよう。
・新聞紙の上には裸足で立つようにしよう（上靴で行うと新聞紙がすぐにやぶれることもあり、裸足だと比較的やぶれにくい）。

---

column　保育者との温かい触れ合いは子ども同士の温かいかかわりに

　筆者が保育現場で勤務をしていた際、0歳児クラスと1歳児のクラスで子どもたちから特に好まれていたのは、わらべうたの触れ合い遊びでした。「めんめんすーすー」と顔を触れてもらう遊びや、子どもを抱っこしてリズムに合わせて揺れる「こりゃどこのじぞうさん」は、「もっかい！」とリクエストが多かったです。歌と動作がわかってくると、子ども同士でも触れ合って遊ぼうとします。「めんめんすーすー」は眉毛をなでたりする動作があるのですが、友達の顔に触れたくてしょうがない子どもと、目を開けて友達に触れてもらうのを待っている子どもがいて、そのどちらもかわいらしく、目に指が入らないかひやひやしたことを覚えています。
　保育者と温かい触れ合いをした子どもは、子ども同士でも温かいかかわりに発展していると、ほほえましかったことを覚えています。

Let's try　新しい触れ合い遊びを考えてみよう

仲間同士で触れ合い遊びを考え実践してみよう。

- -

STEP ①　新聞紙を使った触れ合い遊びを考えてみよう。
STEP ②　考えた触れ合い遊びを仲間同士で体験してみよう。
STEP ③　お互いにやってみた感想を伝え合い、新しいルールなどを考えてみよう。

Part 2　活動・遊びを実践してみよう

17 レクリエーション

レクリエーションの基本

みんなで一緒に楽しむ

　レクリエーションは、園や施設の生活の中でみんなで一緒に楽しめる内容のものがふさわしいといえます。ここでは、実演を見て驚いたり楽しむ「手品（マジック）」、子どもや利用者が一緒に楽しめる「言葉遊び」、先に取り上げたパネルシアターやスケッチブックシアター以外の「さまざまなシアター」を取り上げて解説していきます。

　昨今、テレビや動画配信サイトなどを通して、人の動作、演技、エンターテインメントを楽しむ時代になりました。大人と同じく、子どもたちも、スマートフォンやタブレット端末を扱い、自分の興味・関心が画面越しに満たされる感覚を覚えているでしょう。

　そうした時代だからこそ、園や施設の生活の中では、**目の前で人が行う生のパフォーマンスに触れる機会が貴重であり、豊かな感性を育てる活動**にもなります。実演ならではの臨場感や、その場の空気感、雰囲気は、子どもや利用者の感受性を育てます。また、隣に仲間がいる空間の中で、その場を共有することも大切な要素です。また、さまざまな人が参加できる言葉遊びなどのレクリエーションも子どもや利用者にとって楽しいものです。一緒に参加し、「おもしろいね」「不思議だね」を共感することで育まれる人とのつながり、同じ思いを抱いた喜びを、子どもや利用者、保護者と一緒に感じてもらえる時間をつくりましょう。実習では、自分なりのパフォーマンスでのぞみましょう。

楽しい時間と場を一緒につくり出す

　園や施設の生活におけるレクリエーションは、子どもや利用者にとって、「今ここ」で起きている、リアルなエンターテインメントです。「それどうなってるの？」「あ！　あっちの手に隠した！」など、自分の声が演者に届くことが、うれしく、参加している感覚が豊かな感情を育みます。実習でレクリエーションを行うときには、**参加者と一緒に楽しい時間、場をつくっている意識を忘れないようにしましょう。**

　実習は、保育所や幼稚園、認定こども園だけでなく、施設実習など多様な人が生活する場でも学びます。そのようなときに、レクリエーションを行うことは「私はこのような準備をして、みなさんと楽しく過ごしたくてきました」という積極的な意思表示になります。話し方や表情から、自分を知ってもらうよい機会になります。レクリエーションを用意して、隙間時間や待機時間を学びの機会にする工夫もみなさん次第です。

レクリエーションの種類

園や施設などで楽しめるレクリエーションを紹介します。「楽しさの共有」を合言葉に、視覚的にも楽しく、子どもや利用者とのやりとりも楽しめるレクリエーションを学びましょう。

Part 2 活動・遊びを実践してみよう

●手品（マジック）

手品

マジックシアター

- 手品：仕かけや手さばきなどで不思議なことを見せる手品は盛り上がるレクリエーションの一つです。手品はただ見せるだけでなく、投げかけや、かけ声で場の雰囲気をつくりましょう（「ジュースの変身」本書 p.121 参照）。
- マジックシアター：仕かけをつくり、手品の要素を入れたマジックシアターも楽しいレクリエーションの一つです。クイズなどのやりとりを取り入れると盛り上がるでしょう（「誰のプレゼントかな？」本書 p.121 参照）。

●言葉遊び

戻れワード遊び　　**言葉集め**

- 「戻れワード遊び」：保育者がある言葉をバラバラにいい、たとえば「いらんお」という言葉であれば、このワードを広がってるカードから見つけ出して「らいおん」に戻すゲームです。グループ対抗で行っても楽しいでしょう。
- 「言葉集め」：「○のつく言葉あつまれ」と保育者が頭文字をいいます。出題された文字のつく単語を探します。自分以外の回答も楽しめる要素がある遊びです。

●さまざまなシアター

紙皿シアター

指人形シアター

マグネットシアター

- 紙皿シアター：紙皿を2枚重ね合わせて短いストーリーを表現するパフォーマンスです。紙皿の特性を生かし、回しながら、ストーリーが展開していくおもしろさがあります（本書 p.122 参照）。
- マグネットシアター：小型のホワイトボードとマグネットを使ったシアターです。絵本などのストーリーに沿ってマグネットを動かして楽しみます。大きな動きなどが少ないので、障がい児（者）や高齢者とともに楽しめます（本書 p.123 参照）。
- 指人形シアター：5本の指に人形をつけ、リズム遊びや簡単なストーリーを楽しみます。低年齢児でも集中して楽しめます。

発達に応じた保育実践のポイント

　レクリエーションは幅広い年齢の子どもや利用者と楽しめることが特徴的です。その場にいる観客の様子、質問などのやりとりを大切に進めましょう。子どもたちは、レクリエーションで使った手品用品など、終了後にやってみたいという気持ちになることがありますので、子どもが手に取っても、容易に壊れない工夫をしましょう。また、施設実習では、体の自由がきかなかったり、言葉での意思疎通がむずかしい人とかかわることもあるため、コミュニケーションツールとして用いてみましょう。体の一部だけの動きでもマグネットなどに触れることで楽しむことができるでしょう。

乳児 保育実践のポイント

- **レクリエーション**：乳児のレクリエーションは、イラストの色使いや素材の工夫をする。興味を抱いたら、その場で触れて遊べるようなものが適している。

- **環　境**：子どもとの距離は、遠くなく、フラットな床に座って行ったり、場合によっては保育者の膝の上に子どもが座って楽しむスタイルもよい。

- **実習生**：やさしい声色や、大きすぎない声のトーンでゆったりと進めていく。歌遊びなどを取り入れて、口ずさみながら演じたり、楽しい雰囲気で実習生自身が世界観をつくって準備をしておく。

1歳以上3歳未満児 保育実践のポイント

- **レクリエーション**：イメージを膨らませ簡単なストーリー性があるものに関心が高まる。指人形シアターやマグネットシアターなど、視覚的に理解ができ楽しめるものがよい。

- **環　境**：一人一人が落ち着いて鑑賞できる環境、椅子に座り、友達と近すぎない座席設定で楽しめるよう工夫する。

- **実習生**：「座ってみようね」など楽しく見るための言葉かけを行う。わかりやすくオーバーリアクションなどを用いて、楽しさを伝える。

3歳以上児 保育実践のポイント

- **レクリエーション**：実演に対する期待度が高く、反応が豊か。実演中に発言したり、質問したりもする。目の前で変化する手品など、不思議さを感じ、不思議さの要因を探る、ワクワク感が味わえるような内容を準備する。

- **環　境**：鑑賞環境として、グループごとに座るなど、友達の反応がわかるスペースの設定をする。内容によっては、保育室やホールのカーテンを閉めるなど、臨場感を高め、特別な雰囲気の中で、「ドキドキ・ワクワク」感情の揺れを、みんなで共有できる工夫をする。

- **実習生**：子どもの年齢が高くなると、仕かけなどに敏感に気づくようになる。準備不足でおもしろさが半減しないように、練習を重ねる。実際に行う前に、実習担当の保育者に見ていただく機会をもつようにする。

レクリエーションを楽しもう

ジュースの変身

目の前のジュースが一瞬にして水に戻ってしまう手品です。「もう1回やって！」とアンコールがくることも多いでしょう。ぜひつくって遊んでみましょう。

事前準備

プラスチックカップ、油性ペン、水、ハンカチ、はさみ、カッター

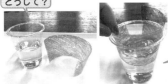

実践

①

「ピンク色の水が1杯あります」

②

「透明な水にもどれ～もどれ～」

③

「それっ」

どうして？

プラカップの底を切り抜いて側面に切り込みを入れたものを、油性ペンでピンクに色づけ重ねています！

POINT

・ハンカチを上に引っぱったときに水滴が落ちないように注意しよう。
・しっかりと練習をしてから実践しよう。

誰のプレゼントかな？

2歳児から楽しめるマジックシアターです。昼食前の時間や朝の集まりの時間などに、子どもたちとやりとりを楽しむことができます。不思議さがあり子どもたちにも大人気です。

事前準備

色画用紙2枚、白画用紙1枚、コピー用紙1枚、クリアファイル1枚、マーカー、色鉛筆等、油性ペン、はさみ、両面テープ、マスキングテープ

つくり方

①

画用紙でフレームをつくる。色画用紙1枚は、1.5cmの枠を残し真ん中を切り抜いておく。

②

両面テープで3枚を貼りつける

色画用紙、白画用紙、枠の色画用紙の順に重ね、3辺を両面テープで貼りつける。フレームの完成。

③

フレームより、左右1cmずつ、上下1cm小さく切ったコピー用紙とクリアファイルを用意する。コピー用紙にはプレゼントのカラーのイラストを描く。

④

コピー用紙とクリアファイルを重ね、プレゼントケースとプレゼント（にんじん）の輪郭線のみ油性ペンで描く。

⑤

コピー用紙とクリアファイルを重ね、ずれないように上部をマスキングテープでとめる。

⑥

引っ張るところをつくる。

⑦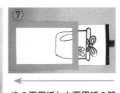

枠の画用紙と白画用紙の間にクリアファイル、白画用紙と色画用紙の間にイラストとなるよう入れていく。

⑧

マジックシアターの完成！引っ張るとカラーイラストに変身！

POINT

・最初に「たねも仕掛けもないプレゼントがあります」と両面を見せておこう。
・ドキドキが高まるので、引っ張るときはゆっくり抜こう。
・白色からカラーイラストが登場するところはかけ声をかけよう。

　言葉のやりとりを楽しみ、イメージする力を発揮して遊びます。園では保育者対クラスの子どもたち、施設では職員と子どもや利用者で楽しむことができます。言葉を頼りに正解を探っていくので、友達同士、利用者同士で相談することもでき、コミュニケーションを深める要素がある遊びでもあります。ヒントを頼りに、正解に少しずつたどり着く感覚を楽しみましょう。

私は誰でしょう？

遊び方

①ルール説明：これから話す言葉をよく聞くこと、途中でわかっても先に発言しないこと、他の人と違う答えでも構わないことをわかりやすく伝えます。

②練習：「私は赤いです」「私は火事や地震のときに仕事をします」「私は車です」「さあ、私は誰でしょう？」と保育者がいい、子どもたちに答えてもらいます。

③本番：お題をいくつか用意しておき、活動時間いっぱいみんなで楽しみましょう。

環境構成

・円をつくって座る。

・ホワイトボードや黒板を使って答えが出たら文字等で書いていく。

・文字がわからない年齢の子どももいるので答えのイラストを用意しておく。

POINT

・先に答えをいいたい子どもが出てくる場合が多いため、みんなでそろえて答えをいうタイミングまで待てた姿を認めるかかわりを大切にしよう。

・施設などでは生活グループ対抗で行ってもおもしろいので行ってみよう（4～5歳児向け）。

・難易度の高い問題やひっかけ問題も準備しておくと盛り上がるので用意しておこう。

　紙皿を使ってストーリーを楽しみます。紙皿が1周すると最初と違うイラストが登場します。

事前準備　紙皿2枚、マーカーペン、色鉛筆、はさみ

環境構成・保育者の真横は仕掛けが見えてしまいます。

・子どもたちは紙皿が見えるように、広がりすぎないように座ります。

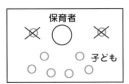

つくり方

中心を測り、はさみで中心に向かって切り込みを入れる。

①②紙皿に絵を描く（例：ぞうさんとぞうさんの好きな食べ物）。

③切り込みを入れ、紙皿を重ねる。

④「何かな、何かな？」と紙皿を少しずつ回していく。

⑤「リンゴ!!」

POINT

・手軽につくることができるため、何種類かつくっておこう。

・製作後は、ストーリーを確認しながら進行し、練習をしよう。

・人数が多いときなどは、うしろでもくっきりと見えるようマーカーペンで色をつけよう。

・子どもたちが触ったり、子どもが実演しても壊れない補強をしておこう。

おべんとうバス

バスにお弁当の具材たちが乗ってきます。順番に乗車するので、「次は何かな？」「このおかず好きな人？」など子どもたちとのやりとりが楽しめます。どの子どもにもわかりやすく、マグネットという手に取りやすい仕かけで楽しめます。

事前準備

画用紙、もち運び用ホワイトボード、セロハンテープ、はさみ、マグネット（丸型）

> 要支援の子どもも
> 参加しやすい!!

つくり方

> 『おべんとうバス』
> 作・絵／真珠まりこ、
> ひさかたチャイルド、2006
>
> 「バスにのってくださ～い」の声に次々とおべんとうのおかずたち。ハンバーグくん、えびフライちゃん、たまごやきさん、野菜やフルーツも一緒に出発！

① もち運び用ボードに画用紙のバスをくっつけてテープで固定します。
② おかずの画用紙はうしろにマグネットをテープでつけてボードに貼ります。

🅚 POINT

・マグネットを子どもたちにくっつけてもらうのもよいでしょう。

🐘 **column　仕かけが気になる？　それとも？……**

紙皿シアターやマジックシアターの実演では、仕かけが気になる子どもたち。4～5歳児になると、気になっても、その場はみんなと鑑賞して、終了後に保育者のところへ来たり、自分で手に取って確認したりしてします。

とある日、4歳児クラスで、マジックシアターをしたときのこと。特別な支援を必要とするDくん、マジックシアターの中身が気になって仕方ありません。前に出てきて、実演している担任の保育者の横からうしろをのぞいていました。「Dくん座ってー」と子どもたちから、ちらほら声が。ときどき「見えなーい」の声も。保育者はDくんに進行を遮られているわけではないので、見守りながら続けました。すると「Dくん、お手伝いしたいんじゃないの？」とお互いの家が近いRちゃんがいいました。保育者は、マジックシアターで抜き取ったあとのカードをDくんに渡してみました。Dくんは、おわったカードを机の上に並べています。子どもたちは、"なあんだ、そうだったのか" というような表情で、注意の声をあげなくなりました。Rちゃんの一声が、その場にいたみんなが心地よく、シアターを楽しめる空間をつくりました。子どもたちは、お手伝いするDくんを不思議と「ずるい」とはいいませんでした。

Let's try　レクリエーションをしてみよう

実演してみたいものを実際につくってみよう。その後、次の点について考えてみよう。

- -

STEP ①　準備段階で工夫すべき箇所はあったか確認しよう。

STEP ②　製作過程で工夫した部分を確認しよう。

STEP ③　仲間同士で実演してみた感想を話し合おう。

column 人間活動の本質である遊び

　オランダの歴史家であるホイジンガ（1872 - 1945）が、今から約80年も前に『ホモ・ルーデンス』という書籍を著しました。ホモ・ルーデンスとは、"遊ぶ人"という意味で、ホイジンガは遊びこそ人間活動の本質であるとしました。また、遊びはそもそもおもしろいものでなくてはならず、何かのために遊ぶのではなく遊ぶこと自体が目的であり、誰かに指示されやらされるのではなく自由な活動であるといっています。子どもは、園生活の中で、ホイジンガの述べるこの"人間活動の本質である遊び"に実にいきいきと取り組んでいます。

　ある保育所で出会った1歳児のRくんは保育者の上履きがお気に入りです。廊下においてある上履きを見つけると、さっそく自分の足を上履きに入れて履こうとしますが、片足を上げてバランスをとるのはRくんにはとてもむずかしいことです。座って手を使って履けばよいのにと、大人は思いますが、Rくんはむずかしくても立ったまま上履きを履きたいようです。何度も何度もチャレンジしてようやく履けて、保育者も「履けたね！」と一緒に喜びますが、すぐに脱げてしまいます。それでもRくんは再び上履きを履くことにチャレンジします。大人以上に根気強く、熱心で、夢中になっている姿に思わず惹きつけられてしまいました。

　子どもがおもしろいと思うことに出会い、夢中になって取り組める時間や場、温かな雰囲気を、園生活の中で保障していくことが大切であると感じました。

Part3

保育の中での
活動・遊びの学びを深めよう

活動・遊びの進め方

　保育の中で、子どもたちと活動や遊びをどのように進めていけばよいでしょうか。ここでは、責任実習の場面でよく行われる一斉活動とコーナー活動の展開について、その実践のポイントを学びましょう。

一斉活動を展開しよう

　一斉活動とは、みんなで一斉に同じことに取り組む活動のことです。クラスのみんなで、製作活動やリズム遊び、ゲームなどさまざまな遊びを一緒に楽しみます。幼稚園や保育所等は集団生活の場であり、特に3歳以上児においては集団の中での育ち合いを大切に、友達と十分にかかわって遊ぶ経験を大事にしています。**一斉活動は、みんなで一緒にすることの楽しさを味わえることが特徴**です。また、自由な遊びの場面ではなかなか経験できないことを子どもが経験してみる機会にもなり、子どもの遊びが豊かに広がっていきます。

実践のポイント

活動内容や対象年齢

　みんなで一緒にすると楽しい内容が適した活動形態です。たとえば、ゲームなどは集団で楽しむものなので適しています。歌やリズム遊びも、みんなで声を合わせたり、体を一緒に動かしたりする楽しさがあるでしょう。3歳以上が適していますが、時間や内容、援助の工夫次第で小さな年齢の子どもも楽しむことができます。

導入

　どの子どもも「やってみたい」と思えるような導入が大切です。同年齢でも発達や興味・関心は一人一人異なります。クラスのみんなが好きそうなこと、無理なくできることを考えます。

　参加したくない子どももいるかもしれません。興味がないのか、苦手でやりたくないのか、子どもの思いを読み取りましょう。楽しくなるような雰囲気で誘ってみたり、安心できるように言葉をかけたりします。それでも参加しないようであれば無理強いをせず見守ります。活動の様子を見ているうちにやってみたくなることもあります。

援助

●友達と一緒の楽しさを感じられるように

　活動の中で子ども同士がつながるようなかかわりを心がけます。たとえば、「〇ちゃんの動きはおもしろいね」「〇ちゃんは、〇〇を描いたんだね」と周囲の子どもに関心が向くような言葉をかけたりします。

●集団であっても一人一人にあった援助を

　一斉活動といっても、一律に同じように援助すればよいわけではありません。たとえば、製作活動では製作するスピードに個人差があります。活動の楽しみ方もよく観察すると一人一人異なります。一人一人のスピードに合った配慮や、一人一人の楽しみ方を大切にしてかかわっていきましょう。

コーナー活動を展開しよう

　保育室等にコーナーをつくって遊びを展開する方法もあります。子どもたちが日常楽しんでいる遊びの空間の中に、子どもたちと楽しみたい遊びのコーナーをつくります。日常楽しんでいる遊びと並行しながら、子ども一人一人の興味・関心が高まったタイミングでコーナーの遊びに参加できます。待たされることも少なく、**自分のペースで遊びを進めていくことができるよさ**があります。また、クラス集団よりも少ない人数なので、子ども一人一人にていねいにかかわっていくこともできます。

実践のポイント

活動内容や対象年齢

　どのような活動も楽しめますが、たとえば製作したもので遊ぶ活動などは、一人一人製作するスピードが異なっても、自分のペースでじっくり製作できたり、待たされることなくすぐにつくったもので遊ぶことができるので適しています。一斉活動がむずかしい低年齢児（0～2歳児）も無理なく楽しめます。

コーナーの設定

　一つの空間の中にいろいろな遊びのコーナーがあります。それぞれの遊びの独立性と連動性の両方を意識し、子どもと保育者の動線を踏まえてコーナーの配置を考えましょう。たとえば、右の環境図ではどんぐりでつくったネックレス等をままごと遊びで活用できるように、ままごと遊びの近くにどんぐり製作コーナーを設定しています。

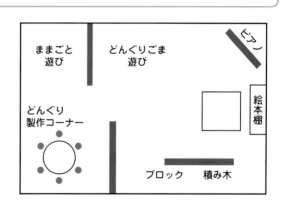

導　入

　子どもたちにそのコーナーでどのような遊びができるのかを知らせていくことが大切です。実際に遊んで見せたり、製作活動であれば、完成品を子どもが目にしたり触れたりしやすいように置いておきます。
　子どもの主体性に任せたいからと、何も働きかけないと伝わっていないこともあります。直接、「やってみる？」と楽し気に誘うことも必要です。興味があっても自分から参加しづらい子どももいます。遠くから見ている子どもにも留意して、タイミングをみて誘ってみましょう。

援　助

●コーナーに身を置いてじっくりかかわる
　保育者が身を置いている場で、子どもたちも安定して遊びます。保育者が動いてしまうと子どもたちも落ち着きません。あまり動き回らないですむよう、必要なものは事前にコーナーに準備しておきましょう。
●コーナー以外の子どもたちの様子にも目を配る
　一方で、コーナー以外の子どもたちの様子もよく見ておくことが必要です。そのためにも全体を見渡せる位置でコーナーの活動に参加するようにしましょう。

Part 3　活動・遊びの学びを深めよう

指導案の作成

保育の過程に位置づけられる指導案

　実際の保育の計画を作成することに慣れていない実習生にとって実習指導計画案（以下指導案）の作成をむずかしく感じることも無理はありません。だからといって子どもと出会う前に指導案を作成してしまうことは本末転倒です。右図のように、**保育は子ども理解から出発し、子ども理解を踏まえて計画を作成します**。こうして作成された計画に基づいて実践し、実践後には振り返りを行い、よりよい保育のための改善に

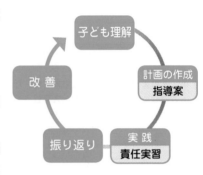

つなげます。この一連の保育の過程の中に指導案の作成が位置づけられていることを理解しておきましょう。

　もちろん、何もないところから子どもと取り組む遊びや活動のアイデアは生まれませんので、本書等で事前に具体的な遊びや活動の研究をしておくことは必要です。

指導案作成の手順

　指導案作成の手順としては、まずはじめに「現在の子どもの姿」をとらえ記入します。子ども理解が計画を作成する上で基本となるからです。次に「ねらいと内容」を設定します。指導案は単なる予定表ではありません。どのようなねらいをもって保育するのかを明確にすることが大切です。

　その上で、「時間」の流れに沿って、「環境構成」、「予想される子どもの姿」、「実習生の援助と留意点」を記載していきます。

指導案作成のポイント

指導案にはさまざまな書式があります。以下に示す指導案は比較的よく用いられているものです。各欄に記載する内容やポイントを示してありますので、よく確認しておきましょう。

日 時	○年　○月　○日　（○曜日）　00：00〜00：00　　　実習生氏名：○○○○
クラス	組（○歳児）　　男児○名　女児○名　計：○名
担任名	○○○○先生　　○○○○先生

<現在の子どもの姿>

> 子どもの興味・関心、発達、人間関係をとらえてみましょう。
> 興味・関心
> ・どんな遊びを楽しんでいるか
> ・どんなことに興味をもっているか
> 発 達
> ・どんなことができるか、むずかしいか
> 人間関係
> ・保育者との遊びの様子はどうか
> ・友達との遊びの様子はどうか
> ・クラス集団での遊びの様子はどうか

<ねらいと内容>

> ねらい
> ・子どもに育ってほしいこと
> 内 容
> ・ねらいを達成するために子どもに経験してほしいこと
>
> ※保育内容（3つの視点・5領域）を参考にしましょう。
> ※子どもが主語となるような文章で書きましょう。

時 間	環境構成	予想される子どもの姿	実習生の援助と留意点
予想される時間配分を考えて書きましょう。	子どもの遊びを進めていくために必要なものや場をイメージしましょう。 記載する内容 ・準備するもの ・環境構成図 ・安全面への配慮	子どもがどのようにその遊びに参加し、取り組むかを予想してみましょう。 ※一人一人をイメージしながらさまざまな姿を予想しておくことが大切です。	遊びをどのように進めていくか（導入・展開・まとめ）を具体的に考えてみましょう。 ※予想される子どもの姿を念頭に、どのような援助が求められるかを考えましょう。 ※子どもの主体性を重視した援助を考えましょう。 ※援助の内容だけでなく、その援助の「意図」「留意点」を明確にして記載しましょう。
時間・環境構成・予想される子どもの姿・実習生の援助と留意点は、 それぞれの内容が対応するように指導案に記載しましょう。			

Part 3　活動・遊びの学びを深めよう

3 責任実習における活動・遊び

部分実習における活動・遊び

　短い時間の保育を担当する部分実習は、保育の実践力を身につけていく上でとても重要です。実習期間中に繰り返し経験することができるよう、実習生自ら実習先の実習担当の保育者にお願いして部分実習の機会を得るようにしましょう。また、部分実習として与えられた保育の時間は子どもたちにとっても重要な時間です。たとえそれが5分という短い時間であっても、その時間は子どもにとって充実したものになるように責任をもって担当しなくてはなりません。

　部分実習は、指導案を作成して、計画に基づいた実践を経験することが基本ですが、指導案を作成せずに行う場合もあります。その場で、手遊びや絵本の読み聞かせをする機会を与えてもらうこともあるので、実習期間中はいつでもできるような準備や心づもりをしておきましょう。いずれにしても、保育はねらいをもって行うことが大切です。**ねらいに基づいて、何を行うか、どのような環境が必要か、どのようなことに留意して子どもにかかわるのか**といったことを、指導案の作成を行わなくても頭の中では考えて実践します。

部分実習の指導案作成のポイント

　指導案例①は、午睡前の時間を担当することになった部分実習の指導案です。昼食後から午睡前の時間帯には、ゆったりと落ち着いた時間を過ごしたいものです。絵本の読み聞かせは適していますが、その絵本選びも大切です。気分が高揚するような内容ではなく、指導案のようにじっくりと静かな心もちで楽しめる内容がよいでしょう。担当する時間の前後の**連続性にも配慮しながら活動内容や環境構成・援助を考えていく**とよいでしょう。

　また、**計画を立てるときには、子どもの姿を具体的に予想する**ことが大切です。指導案例のように、絵本の読み聞かせの中で、子どもたちは何を楽しむのか、絵本に対する反応を予想します。予想される子どもの姿と保育のねらいを重ね合わせながら、どのようなことをポイントに読み聞かせをすればよいのか具体的な援助や留意点を考えるようにしましょう。絵本の読み聞かせは、受動的な活動のように見えますが、子どもの反応を受け止め応答的に進めていくことで子どもは能動的に参加し、楽しむことができます。一方的に進めていく計画にならないよう、**子どもの姿をイメージし、やりとりを楽しみながら展開していく保育を目指しましょう。**

部分実習
—— 午睡前「絵本の読み聞かせ」

POINT ☞
任された時間帯は重要！
その時間帯は何を大切に保育しているか
を考えて内容や援助を考えましょう。

日時	○年　2月　12日　（木曜日）　12：30～12：45　　　　　　実習生氏名　○○○○
クラス	すみれ 組（2歳児）　　　男児 11 名　女児 10 名　計：21 名
担任名	○○○○先生　　○○○○先生

＜現在の子どもの姿＞	＜ねらいと内容＞
・冬の自然に関心をもって友達や保育者と遊ぶ姿がある。 ・絵本の読み聞かせでは、繰り返しのお話や言葉のやりとりを楽しんでいる。	（ねらい） ・イメージを膨らませお話の世界を楽しむ。 （内容） ・友達と一緒に絵本『てぶくろ』※を見る。

時間	環境構成	予想される子どもの姿	実習生の援助と留意点
12：30	・ゴザ　ベンチ ふとん ・実習生は壁を背にして子どもの椅子に座る。 ・子どもはゴザの上に座る。窮屈にならないようゆったり座れるスペースをつくる。 ・後方の子どもはベンチに座れるようにして、絵本が見えるようにする。 ・はじめる前に、全員が見えているかを確認する。見えていない子どもがいたら、見える位置に移動できるよう言葉をかける。	・実習生の前に集まる。 ・手袋を見て「てぶくろだ」「もってるよ」など思ったことを口にする。 ・期待が高まりワクワクした気持ちで絵本を見る。 ・気が散って絵本に集中できない子どももいる。 ・どんな動物が出てくるかを楽しみながら絵本を見る。 ・言葉のリズムを楽しんだり、繰り返しのフレーズは一緒に言おうとする姿がある。 ・楽しかった場面など感想を口にする。	・子どもたちが全員そろったら手袋をはめた手を見せて関心を高める。子どもたちの様子を受け止め「今日はてぶくろのお話です」と絵本をはじめる。 ・子ども一人一人に目を配り、物語の雰囲気を大切に、声の強弱や抑揚、テンポや間のとり方に留意して読み進める。 ・子どもたちが次はどんな動物が出てくるか想像する姿を受け止め、タイミングよく絵本をめくる。 ・「くいしんぼうねずみ」「ぴょんぴょんがえる」など、言葉のリズムの楽しさを味わえるように読む。 ・繰り返しのフレーズは子どもが一緒に声を合わせて読めるよう子どもとタイミングを合わせる。 ・子どもたちの感想を受け止め静かにおえる。

POINT ☞
落ち着いて見られる環境、絵本の世界に浸れる環境をつくりましょう。

POINT ☞
子どもの姿を具体的にイメージしましょう。

POINT ☞
絵本への子どもの反応を予想してみましょう。

POINT ☞
子どもの反応を受け止め、応答的に進めましょう。

POINT ☞
絵本の世界の余韻を大切に静かにおえましょう。
落ち着いた雰囲気で午睡へつなぐようにするとよいでしょう。

※エウゲーニー・M・ラチョフ絵、うちだりさこ訳『てぶくろ』福音館書店、1965

一日実習における活動・遊び

　実習の後半では、半日ないし一日等、比較的長い時間の保育を担当します。一日を通して保育をしてみる体験は、実習の最終段階としてこれまでの学びを生かして、計画から準備、実践、評価、反省までを統合的、実践的に学ぶ機会になります。

　担当する一日のすべての時間が保育であり、子どもにとっての大切な時間であることはいうまでもありません。それまでの実習を振り返り、実習記録をもとに登園から降園までの一日の生活の流れを確認し、それぞれの時間で何を大切に保育すればよいかを踏まえて、一日の生活を組み立て指導案を立案します。一日の生活の中でも、午前中はもっとも活動が活発になる時間で、その日の中心となる活動が行われます。中心となる活動を一斉活動として展開する場合と、コーナー活動として展開する場合の指導案の実際を見てみましょう。

一斉活動展開型の指導案作成のポイント

　指導案例②は、一日の保育の中心となる活動を一斉活動として展開するパターンの指導案です。友達と戸外で体を動かす遊びやルールのある遊びを楽しんでいる子どもたちの姿をとらえて、ゲームを楽しむ内容になっています。ゲームはみんなで一緒に楽しみたい遊びなので、クラスでの一斉活動の展開には適しているといえるでしょう。活動は「ドンじゃんけんをして遊びます」といきなりはじめるのではなく、指導案例のようにクラスの子どもたちが興味をもって取り組みたくなるように工夫した働きかけ、つまり活動の導入が必要です。保育者が一方的に子どもに経験してほしい活動を決めて進めていくのではなく、**子どもが自ら主体的に活動に取り組める**ことを大切に援助を考えましょう。

　また、一斉活動では全体へのかかわりが大切ですが、同時に一人一人にも目を向け配慮していくことが求められます。指導案例では、全体に向けた具体的でわかりやすいルールの説明とともに、子ども一人一人異なる理解の状況も踏まえて個々に合わせたかかわりも考えられています。一斉活動は一律に同じ援助を考えておけばよいのではなく、**クラス全体への働きかけと子ども一人一人に応じた援助の両面を考えていく**ことが大切です。

　最後は、子どもたちが「楽しかった」と満足した気持ちで活動をおえられるようにしましょう。子どもは楽しいことは夢中になって何度もやりたがります。遊びを繰り返し楽しめるよう、ゆとりをもって時間を設定しておきます。ある程度満足したら、次への期待につなげておえるとよいでしょう。

　環境については、戸外で行う場合には必ず雨天のときの代案も用意しておかなくてはなりません。指導案例のように、ホールなど別の場所を借りることができるのかを事前に確認し、ホールでの環境構成も考えておきます。代わりの場を用意できなければ別の活動を考えます。

日　時	○年　11月　18日　（金曜日）　　　　　　　　　実習生氏名　○○○○		
クラス	こあら 組（4歳児）　　男児12名　女児12名　計：24名		
担任名	○○○○先生　　○○○○先生		

＜現在の子どもの姿＞	＜ねらいと内容＞
・友達と誘い合い、鬼遊びなど戸外で体を動かして遊ぶ姿がある。 ・クラスで簡単なルールのある遊びを楽しむようになってきた。	（ねらい） ・ルールを理解し、チームで競うゲームの楽しさを味わう。 （内 容） ・クラスの仲間と"ドンじゃんけん"をする。

時　間	環境構成	予想される子どもの姿	実習生の援助と留意点
09：00	保育室	○登園・身支度 ・シール帳にシールを貼る。	・子ども一人一人を笑顔で迎え入れる。

時　間	環境構成	予想される子どもの姿	実習生の援助と留意点
10：15	（園庭）  用意するもの 白線引き／赤白帽子 ＊S字に曲がった線を砂場前のスペースに引く。 **POINT☞** 雨天の場合にどうするかも考えておきましょう。 雨天の場合 （ホール） 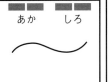 ・事前にビニールテープでS字の線を引いておく。 ・マットを壁際に敷いておき、子どもが座って話を聞くスペースをつくる。	○ベンチに座る ・赤白に分かれて座る。 ・座る場所がわからない子もいる。 ○実習生の話を聞く ・何が始まるのか興味をもって見る。 ・「あるけるよ」「やってみたい」と意欲が高まる。 **POINT☞** いきなりはじめるのではなく、段階を追って無理なく進めるようにしましょう。 ・曲がった白線の上を落ちないように慎重に歩く。 ・歩くことが楽しくて速く歩きたくなり、前の友達を押してしまう子どももいる。 ・ベンチに座る。 ・もっと線の上を歩きたがる子どももいる。	・赤白帽子を被りベンチに座るよう言葉をかける。 ・座る場所がわからず困っている子どもにはさりげなく誘導する。 **POINT☞** 活動に興味をもてるような働きかけを考えましょう。 ○ルールの説明をする ・白線を子どもたちの前で引き、白線の上を歩いて見せる。 ・「みんなも上手に白い線の上を歩けるかな」といい、一列になって白線の上を子どもたちと一緒に歩いてみる。 ・「へびみたいだね」と曲がった線を歩く楽しさが感じられるようにする。 ・前の友達を押さないで歩くように言葉をかける。 ・「上手に歩けたね」と認め、ベンチに座るように言葉をかける。

時　間	環境構成	予想される子どもの姿	実習生の援助と留意点
	＜ルールの説明＞ 1 赤白チームそれぞれ白線の端（陣地）に一列に並ぶ。 2 「よーいドン」の合図で先頭の子どもが白線の上を走っていく。 3 赤白の子ども同士が合流したところで「ドーン」といい両手でタッチする。 4 タッチのあとに「じゃんけんぽん」とじゃんけんをする。 5 じゃんけんに負けたら道を譲って、陣地に戻り列のうしろに並ぶ。勝ったらそのまま進む。 6 これを繰り返して相手の陣地まで先に行くことができたほうの勝ち。	・代表になった子どもはうれしそうに前に出る。 ・代表の子どもの動きを見ながらルールの説明を聞く。 ・わからなそうな顔をして聞いている子どももいる。 ・早くやりたい気もちが高まる。 ・ルールを理解してゲームを楽しむ子どもや、どうしてよいかわからない子どももいる。 **POINT** ☞ 全体へのわかりやすいルールの説明と個別の配慮を考えましょう。	・「これから線の上を歩いてゲームします」と期待がもてるよう話をする。 ・歩きたがっている子どもを赤白チームそれぞれから2人ずつ言葉をかけて代表になってもらう。 ・代表の子どもに動いてもらいながらルールの説明をする。 ・ルールの説明は一つ一つの動きを確認しながら進める。 ・子どもの反応をよく見て、むずかしそうな場合には再度確認する。 ・子どもたちをそれぞれの陣地に誘導する。 ・「よーいどん」の合図でゲームを開始する。 ・動きがわからない子どもには個別に言葉をかけたり一緒に動いたりする。
	POINT ☞ 活動は満足しておえられるように、また次への期待につなげるようにしましょう。	・勝って喜んだり、負けて悔しがったりする。負けたチームは「次は勝とう！」とがんばる姿がある。 ・もっとやりたいと繰り返しゲームを楽しむ。	・負けてしまったチームには「次はがんばろう」と励ましながら、2、3回ゲームを繰り返す。 ・「またやろう」と次への意欲へとつなげる。
11：00 11：30		○自由遊び ・砂遊びや色鬼等、友達と好きな遊びを楽しむ。 ○片づけ・手洗い・うがい ・遊んだものを片づける。 ・遊びに夢中の子どももいる。	・子どもたちと一緒に遊びを楽しむ。 ・片づけの言葉をかける。 ・手洗い、うがいをして保育室に入るよう言葉をかける。

コーナー活動展開型の指導案作成のポイント

指導案例③は、一日の保育の中心となる活動をコーナー活動として展開するパターンの指導案です。**コーナー活動では、設定するコーナーでどのような遊びができるのかを子どもたちに伝えていくことが大切**です。指導案例では、子どもの前でコーナーの環境を用意したり、完成品を子どもの目に触れるようにして具体的に知らせています。楽しいことができるコーナーだとわかれば多くの子どもは自然に参加します。一方で、興味はあっても自分から参加できない子どももいることも忘れずに、指導案例のようにコーナーが落ち着いたころを見計らって参加しやすい状況の中で誘うなどの配慮も大切です。また、コーナー活動では少人数で個別にていねいにかかわれるよさがありますが、子どもとの一対一の関係性だけに終始するのではなく、**子ども同士のかかわりも生まれるような援助を考えておくとよいでしょう**。指導案例のように、友達の表現にも目を向けられるような働きかけがあることで、友達のよさに気づいたり、経験を広げる機会になったりします。

一方、**他のコーナーで遊んでいる子どもたちの保育も大切**です。一つのコーナーだけに集中するのではなく、壁を背にして全体を見渡せる位置にいて、他の遊びの様子を見て必要に応じて援助することもできるように考慮します。

指導案例③　**一日実習**
── コーナー活動の展開

日 時	○年　6 月 21 日　（木曜日）		実習生氏名　○○○○
クラス	めろん 組（3 歳児）　　男児 12 名　女児 10 名　計：22 名		
担任名	○○○○先生　　○○○○先生		

＜現在の子どもの姿＞	（ねらい）
・友達とままごとや積み木・ブロックを楽しむ姿がある。 ・色への関心が高まり、色の絵本を見たり、いろいろな色のクレヨンを使って描くことを楽しんでいる。	・友達とやりとりして遊ぶ楽しさを味わう。 ・色がにじんで広がる様子に興味をもつ。 （内 容） ・友達と自由遊びを楽しむ。 ・にじみ絵を楽しむ。

時 間	環境構成	予想される子どもの姿	実習生の援助と留意点
10：00	保育室 机上遊び にじみ絵コーナー　絵本 ブロック積み木　ままごとコーナー	○コーナー遊び ・ままごとや積み木など友達と自由遊びをする。 ・何がはじまるのか興味をもった子どもがにじみ絵コーナーに集まってくる。	・にじみ絵コーナーに材料を出したり、完成品を飾ったりして、興味をもった子どもに「やってみる？」と言葉をかける。 **POINT**☞ **コーナーで何ができるかをわかりやすく伝えていきましょう。**

Part 3　活動・遊びの学びを深めよう

135

時　間	環境構成	予想される子どもの姿	実習生の援助と留意点
	・日常の遊びを楽しめるようそれぞれのコーナーのおもちゃがそろっているかチェックしておく。 ・絵本コーナーには、色の絵本を出しておく。 ＜にじみ絵コーナー＞ ・霧吹きをする机にはビニールカバーをかけておく。 ・描く机と霧吹きをする机を用意する。 ・ひもをはって、にじみ絵を乾かす場所をつくっておく。 ＜準備するもの＞ 水性ペン8色 クッキングペーパー 霧吹き 洗濯ばさみ ふきん　広告紙 ＜手順＞ 1 クッキングペーパーに好きな色のペンで模様や絵を描く。 2 霧吹きをかける。 3 インクがにじんでいく様子を楽しむ。 4 洗濯ばさみでつるして乾かす。 ・保育室全体を見渡せるよう、にじみ絵コーナーの壁側に座るようにする。 **POINT** ☞ 他のコーナーの遊びの様子も把握できる位置に身を置きましょう。	・色がにじむ様子を見て「わあ」と歓声をあげる。 ・「やりたい」と意欲が高まる。 ・好きな模様や絵を描く。友達のまねをして描く子どももいる。 ・自分の描いた模様や絵に霧吹きをかけて、色がにじむ様子を楽しむ。 ・霧吹きをうまく使えない子どももいる。 ・「もっとやりたい」と繰り返し楽しむ姿がある。 ・繰り返し楽しむ中で、混色に気づいて、色の選び方や描き方を工夫する子どももいる。 ・友達の作品にも関心をもって見たり、まねたりする。 **POINT** ☞ 自分から参加できない子どもの様子にも目を配りましょう。 ・遠くで見ている子どもや、時折様子を見に来る子どももいる。 ・実習生と一緒であれば安心して参加する子どももいる。 ・おもちゃの取り合いや意思の疎通がうまくできずに子ども同士のけんかがある。	・子どもたちの前でにじみ絵をやってみせる。 ・クッキングペーパーに鉛筆で子どもの名前を書いて渡す。 ・「どんなにじみ絵になるかな」とイメージを膨らますような言葉をかける。 ・描きおえた子どもには下に敷く広告紙を渡して「霧吹きをかけてみよう」と言葉をかける。 ・霧吹きがむずかしい様子であれば、手を添えて一緒に行う。 ・満足するまで繰り返し楽しめるようにする。 ・子どもの気づきを受け止め共感する。 **POINT** ☞ 一人一人の表現を大切にするとともに、友達の表現にも目が向くような働きかけをしましょう。 ・「○○ちゃんのにじみ絵もきれいだね」と友達の作品にも注目できるように言葉をかける。 ・興味がありそうだが自分から参加できない子どもにはコーナーの人数が少なくなってきたところで、「一緒にやってみる？」と誘う。 ・他のコーナーにも目を向け、楽しく遊べているか気を配り、必要に応じて援助する。 **POINT** ☞ 他のコーナーの遊びへの援助も同時進行で進めていきましょう。
11：15		○片づけ	

136

保育の実践

実践前のシミュレーション

　指導案を立案したら次は実践ですが、その前に頭の中で**自分の保育実践をイメージし、シミュレーションをしておくとよいでしょう。**すでにイメージしながら指導案を書き上げていますが、全体を通してもう一度自分が任された一日の保育をはじめから最後までシミュレーションをしてみましょう。指導案作成時には見えてこなかった具体的な子どもの様子や自分の動きが見えてきます。あらためて必要とされる援助に気づくこともあります。手元に用意した指導案の控えにはあとから気づいたことも書き込んでおくとよいでしょう。シミュレーションを繰り返すことで、当日は落ち着いて実践に取り組むことができます。

計画に基づいた実践と柔軟性のある実践

　保育の計画は、保育のねらいを明確にし、見通しをもって実践する上でとても重要です。部分・一日実習の当日は、計画に基づいた実践を心がけましょう。ただし、予想通りに保育が進むことは実際の保育者でもあまりありません。子どもが予想外の反応をしたときに、計画とは違うからと子どもの姿を無視して計画通りに保育を進めることはよいことではありません。計画とは異なっても子どもたちが主体的に楽しく活動できることが大切です。あわてずにゆったりと構え、**子どもと楽しむことを基本にし、柔軟性をもって臨機応変に実践しましょう。**

> ### column　保育者同士の連携による保育を学ぼう
>
> 　保育はチームで行うことで、子どもたちによりていねいにかかわることができます。普段、一人担任で運営しているクラスでの一日実習の場合、基本は一人で保育することを任されますが、低年齢児のクラスなど、複数の保育者が連携して保育を行っている場合などは、担任保育者と連携して一日実習を行うこともあります。事前によく確認し、指導案立案時に相談しておくことが必要です。
> 　一日実習では自分が主となって保育を進めますが、担任保育者とどのような役割分担で保育を進めていけばよいか、事前の打ち合わせや指導をしていただくようにするとよいでしょう。

保育の振り返り

次につなげる自己評価

　部分・一日実習をおえると、ほっと一安心するでしょう。しかし、実践をおえたら保育はおわりではありません。**実践後の振り返りが大切**です。自身の実践を振り返り、自己評価をします。指導案で設定したねらいが達成できたか、達成できなかったとしたらそれはなぜかを考えます。ねらいそのものが子どもの姿と合っていない場合もあります。あるいは、予想される子どもの姿が見通せていなかったのかもしれません。環境の準備が不十分であったり、子どもが必要とする援助ができていなかったのかもしれません。一つ一つていねいに振り返ることで、どうすればよりよかったのかが見えてきます。自己評価は「できなかったことを反省する」のではなく、**「子どもにとってどうであったのか」を基本とし、「どうすればよりよかったのか」を考えることが重要**です。また、できなかったことばかりに着目するのではなく、よかったことにも目を向けて、よかったことはさらによくなるようにと次へつなげます。

保育者からの助言

　実践後は自己評価とともに、保育者からの助言を受けます。専門職である**保育者からの助言は貴重**です。自分では気づかなかったことや専門的な視点を踏まえた助言を真摯に受け止め、今後の課題とすることで自身の保育者としての学びを深め、実践力を身につけていくことができるでしょう。積極的に自ら保育者に質問したり、自己評価を伝えたりして、保育者からの助言を得るようにしましょう。

改善に向けて

　自己評価と保育者からの助言を整理し、今後につなげていきましょう。明確になった課題は、すぐに行動に移してみるとよいでしょう。保育者になってからもこうした姿勢は保育者の資質向上において大変重要です。"実習時より学び続ける保育者"としての姿勢を学びます。

本書参考文献等一覧

（著者五十音順）

● 阿部直美『0〜5歳児　保育の手あそび―季節・行事・生活・あやし歌』ひかりのくに、2021
● 井上明美編『使える！　保育のあそびネタ集 工作あそび編』自由現代社、2018
● 岩崎洋子編『保育と幼児期の運動あそび〈第2版〉』萌文書林、2018
● 内尾眞子編『みんなが楽しいゲームあそび BEST50＋1―日常保育から園行事まで』メイト、2006
● 浦中こういち・小沢かづと『スケッチブックで楽しむわくわくシアター』ナツメ社、2022
● 奥美佐子『ゼッタイうまくいく0・1・2歳児の造形あそび』ひかりのくに、2016
● 小櫃智子編『改訂版　実習日誌・実習指導案パーフェクトガイド』わかば社、2023
● 小櫃智子他『改訂版　幼稚園・保育所・認定こども園実習パーフェクトガイド』わかば社、2023
● 加藤寿宏監修『子ども理解からはじめる感覚統合遊び―保育者と作業療法士のコラボレーション』
　クリエイツかもがわ、2019
● 紙芝居文化の会『紙芝居百科』童心社、2017
● 古宇田亮順・松家まきこ・藤田佳子『実習に役立つパネルシアターハンドブック』萌文書林、2009
● こどもの城 Web ライブラリー「健全育成のための活動プログラム・運動遊び」
● 子どもの文化研究所編『紙芝居―演じ方のコツと基礎理論のテキスト』一声社、2015
● 鮫島良一・馬場千晶『つくる・かく・あそぶ　子どものアートブック』日本文教出版、2021
● 竹井史『0〜5歳児 どろんこ遊び 水遊び プール遊び180』ひかりのくに、2011
● 月下和恵『実践講義　パネルシアター　楽しもう』アイ企画、2009
● 古橋和夫編『保育者のための言語表現の技術―子どもとひらく児童文化財をもちいた保育実践（第
　2版）』萌文書林、2019
● 保育のひろば別冊『かんたん＆楽しい パフォーマンスブック』メイト、2008
● 細田淳子編『手あそび・体あそび・わらべうたがいっぱい　あそびうた大全集200』永岡書店、
　2013
● 松本峰雄監修『子どもの文化演習ブック』ミネルヴァ書房、2022
● 松本峰雄監修『保育の計画と評価演習ブック』ミネルヴァ書房、2019
● 村田夕紀・内本久美『楽しい"造形"がいっぱい　2・3・4・5歳児の技法あそび実践ライブ』
　ひかりのくに、2015
● 守巧・小櫃智子他『改訂版　施設実習パーフェクトガイド』わかば社、2023
● 文部科学省「幼児期運動指針」2012
● 文部科学省『幼児の思いをつなぐ指導計画の作成と保育の展開』チャイルド本社、2021
● 山口創『子供の「脳」は肌にある』光文社、2004
● 吉田伊津美編『楽しく遊んで体づくり！　幼児の運動あそび「幼児期運動指針」に沿って』チャイ
　ルド本社、2015

協力 （五十音順）

学校法人渡辺学園　東京家政大学かせい森のおうち
株式会社つばさ　ありんこ保育園
社会福祉法人青柳保育会　中野打越保育園
東京都私立幼稚園教諭　髙橋美桜
独立行政法人国立病院機構弘前総合医療センター　院内保育所風の子保育園
和洋女子大学人文学部こども発達学科　中村光絵

著者紹介

(※執筆順。執筆担当は、Contents 内に記載)

代表　小山 朝子（こやま あさこ）　　和洋女子大学 人文学部 こども発達学科 准教授

東京家政大学大学院修士課程修了後、保育士として勤務。東京家政大学大学院博士後期課程満期退学。帝京平成大学現代ライフ学部児童学科専任講師を経て、現職。乳児保育、保育実習などを担当。
主な著書：『改訂 乳児保育の基本』（萌文書林）、『保育における子ども文化』（わかば社）、『改訂版 幼稚園・保育所・認定こども園実習 パーフェクトガイド』（わかば社）、『保育の計画と評価 演習ブック』（ミネルヴァ書房）、『講義で学ぶ 乳児保育』（わかば社）他。

代表　小櫃 智子（おびつ ともこ）　　東京家政大学 子ども支援学部 子ども支援学科 教授

東京家政大学大学院博士課程満期退学後、彰栄幼稚園にて勤務。その後、彰栄保育福祉専門学校保育科専任講師、目白大学人間学部子ども学科准教授、東京家政大学子ども学部子ども支援学科准教授を経て、現職。保育内容（人間関係）、保育実習などを担当。
主な著書：『教育・保育カリキュラム論』（中央法規出版）、『改訂版 幼稚園・保育所・認定こども園実習 パーフェクトガイド』（わかば社）、『改訂版 施設実習 パーフェクトガイド』（わかば社）、『改訂版 保育教職実践演習 これまでの学びと保育者への歩み 幼稚園保育所編』（わかば社）他。

井上 裕美子（いのうえ ゆみこ）　　千葉明徳短期大学 保育創造学科 講師

茶々おおわだみなみ保育園（現：ChaCha Children Yachiyo）、盛岡幼稚園で保育者として勤務後、弘前大学大学院教育学研究科修士課程修了。せいがの森こども園、東京家政大学かせい森のおうちで保育者として勤務後、現職。保育者論、カリキュラム論、保育実習などを担当。
主な著書：『保育内容総論』（みらい）、『幼児教育方法論』（学文社）他。

小島 好美（こじま よしみ）　　武蔵野短期大学 幼児教育学科 助教

関東圏私立幼稚園、東京家政大学かせい森のおうち勤務後、東京学芸大学大学院教育学研究科修士課程修了。東京家政大学子ども支援学部子ども支援学科助教を経て、現職。幼稚園実習、保育実習、保育者論、子どもの理解と援助、キャリア・ガイダンスなどを担当。
主な著書：『新しい時代の保育者論』（教育情報出版）他。

● 装丁・本文イラスト　　鳥取 秀子
● 装　丁　　タナカアン

保育の活動・遊び パーフェクトガイド

2024 年 7 月 11 日 初版発行

著者代表　　小 山 朝 子
　　　　　　小 櫃 智 子
発 行 者　　川 口 直 子
発 行 所　　（株）わかば社

〒 173-0004　東京都板橋区板橋 2-46-12
tel(03)6905-6880 fax(03)6905-6812
(URL)https://www.wakabasya.com
(e-mail)info@wakabasya.com
印刷 / 製本　シ ナ ノ 印刷（株）

●落丁・乱丁などの不良本はお取り替えします。
●定価は表紙（カバー）に表示してあります。
●本書および本書の付属物を無断で複写（コピー）、引用することは著作権法上での例外を除き禁じられています。また代行業者等の第三者に依頼してスキャンやデジタル化することは、たとえ個人や家庭内の利用であっても一切認められておりません。

©Asako Koyama , Tomoko Obitsu 2024 Printed in Japan　　　　　　ISBN 978-4-907270-44-5 C3037
JASRAC（出）2404370-401